ADHD 아동을 위한
1000가지 베스트 팁

주의집중력과
긍정적 행동 향상을 위한 양육 지침

1000 Best Tips for ADHD:

Expert Answers and Bright Advice to Help You and Your Child

by Susan Ashley, PhD.

ADHD 아동을 위한
1000가지 베스트 팁

주의집중력과
긍정적 행동 향상을 위한 양육 지침

Susan Ashley, PhD. 저 | 장은진 · 조주성 · 강알리샤 공역

학지사

역자 서문

　역자는 임상심리전문가 수련과정에서 많은 주의력결핍 과잉행동장애 (ADHD) 아동과 부모님을 만나고 그들의 치료, 교육, 일상생활에 관심을 가지게 되었습니다. 이후 ADHD 성향을 보이는 아동의 학교기반 개입에 관련된 주제로 박사학위 논문을 쓰고, 병원과 아동발달교육원에서 아이들을 치료하며, 교육하고 부모님이나 교사들에게 자문 및 상담한 경험을 통해 ADHD는 약물치료로만 치료되지 않을 뿐만 아니라 딱히 치료에 관해 정해진 해답이 없다는 결론을 얻었습니다. 특히 부모님들에게 ADHD를 가진 자녀를 키우면서 알아야 할 좋은 지침서를 추천해 달라는 요구를 받았을 때 그에 적절한 답을 주지 못하여 늘 안타까운 마음이 들었습니다. "아이가 어릴 때는 하루하루 살얼음판을 걷는 기분이었어요. 오늘은 또 무슨 일이 일어날까? 집 밖을 나가는 것도 힘들었죠."라거나 "선생님, 저는 둘째도 ADHD를 지닌 아이를 출산할까 걱정되어 한 명만 낳았는데 지금은 후회가 되네요." 등의 이야기를 들으면 더욱 안타까웠습니다.

　많은 아이에게는 당연한 일상이지만 ADHD를 지닌 아이 중에는 매일 정해진 숙제하기, 준비물 챙기기, 부모님께 혼나지 않고 양치질과 세수하기 같은 것이 힘든 경우가 많습니다. 따라서 『ADHD 아동을 위한 1000가지 베스트 팁－주의집중력과 긍정적 행동 향상을 위한 양육 지침』은 부모님들이 ADHD를 가진 자녀를 키우며 매일 마주치는 여러 문제 상황 속에서 어떻게 대처해야 할지에 대한 해답을 찾도록 도와줄 것입니다. 또한 어떻게 자녀들을 키워야 내 자녀가 지닌 문제를 해결할 뿐만 아니라 자녀의 잠재력을 잘 발휘하도록 양육할 수 있을지에 대한 실제적인 지침서이자 안내서가 될 것입니다.

이 책을 통해 실제로 ADHD를 가진 자녀를 키우는 과정에서 경험하는 문제나 극심한 좌절감을 안겨 주는 상황에서 각각의 상황에 맞는 신속한 해결책과 방안을 찾을 수 있을 것입니다. ADHD를 지닌 아이들이 보이는 특성은 문제일 수 있지만 한편으로는 장점으로 작용할 수도 있습니다. 아이들에게 나타나는 불쑥불쑥 떠오르는 생각들은 주의집중을 힘들게 하지만 창의적이고 다양한 아이디어를 생산하게 하고, 무엇인가에 대해 금방 잘 잊어버리는 특성은 부모님이나 선생님께 혼이 난 상황에서도 금방 기분을 푸는 긍정적인 성향을 지니게 할 수도 있습니다. 따라서 부모님들이 이 책에 나오는 다양한 팁을 자신의 자녀에게 적절하게 적용하면 일상생활의 자녀양육과 교육에서 매우 유용할 수 있을 것입니다.

이 책의 저자는 ADHD 아동들을 20년 이상 치료해 온 아동심리학자로서 수많은 사례를 통해 부모님들이 매일 어떠한 문제를 접하는지, 그리고 어떻게 대처해야 하는지를 잘 설명해 주고 있습니다. 역자는 이 책을 읽고 나서 이 지침서야말로 ADHD를 가진 자녀를 둔 부모님에게 실제적인 도움을 줄 안내서라는 확신이 들었습니다. 학교나 집에서, 숙제를 하는 등 여러 장면에서 아이가 자기 자신과 부모님을 힘겹게 하는 다양한 행동을 보이는 상황에서 부모님이 도움이 필요한 부분을 찾아 바로 적용하면 매우 유용할 것입니다. 또한 이 책은 ADHD를 가진 아동을 가르치는 교사와 한편으로는 ADHD를 가지지 않은 일반 아동을 양육할 때도 매우 큰 도움을 줄 것입니다. 각각의 구체적인 상황에서 여러분의 자녀에게 해당되는 내용을 찾아 적용함으로써 부모님이 ADHD를 가진 자녀의 행동으로 인해 경험하는 매일의 씨름을 끝내고 이제는 좀 더 순조로운 일상을 보낼 수 있을 것입니다.

이 책의 특징은, 첫째, ADHD를 가진 자녀를 둔 부모님이 겪는 매일의 문제에 대한 해답을 이 분야의 오랜 전문가가 제시합니다. 둘째, 번호가 붙어 있는 짧은 문장으로 이루어져 있어서 필요한 영역을 찾아가며 읽을 수 있습니다. 셋째, 구체적인 실천방안이 담겨 있습니다. 다른 책과의 차이점은 전문가가 기록한 내용이면서도 부모님의 어려움에 대한 실제적인 내용에 대해 간략하게 나누어 적혀 있어 전문적이고 유용하면서도 읽기가 편하다는 것입니다. 책의 전체를 읽는 것도 필요하지만 오히려 도움이 필요한 부분이 어디 있는지를 차례에서 먼저 살펴보고, 그 장을 펼쳐서 제시된 다양한 방법 중 도움이 될 것 같다고 생각되는 방법을 골라 시도해 보기를 권합니다.

이 책의 구체적인 실천지침은 ADHD를 가진 자녀를 둔 부모님이 아닌 일반 양육자들이 읽어도 도움이 될 수 있는 내용이 많으니 유용하게 활용하시기를 권합니다.

이 책에서는 ADHD의 진단과 이를 수용하는 것, 약물치료의 내용, 가정생활, 학교생활, 사회적 사회작용을 위한 구체적인 내용들이 있습니다.

역자는 부모님이 ADHD를 유발시키는 것은 아니지만 자녀의 ADHD 증상을 호전시킬 수도, 혹은 더 심화시킬 수도 있다는 저자의 의견에 전적으로 동의합니다. 냉혹한 현실은 그 어떤 것도 ADHD를 멈추게 할 수는 없다는 것입니다. 하지만 ADHD를 관리할 수는 있습니다. ADHD가 지속된다는 것을 인정하고, ADHD에 대항하여 싸우기보다는 ADHD와 동반된 삶을 살아가는 방법을 배우는 것은 중요합니다. 이 책을 통하여 ADHD를 가진 자녀들을 포용하며, ADHD와 '함께'하는 삶을 살아가는 방법들을 터득하기를 희망합니다.

이 책에 대한 자세한 내용과 활용지침은 '들어가는 말'에 상세하게 있으니 참고하시기 바랍니다. 이를 통해 이제 ADHD에 대한 해결책이나 대처방안을 찾고 자녀의 잠재력을 발휘하도록 함으로써 여러분의 자녀와 함께 서로를 존중하면서 더욱 행복한 삶을 살아가길 간절히 바랍니다.

이 책이 나오기까지 함께 애써 주신 조주성, 강알리샤 선생님께 감사드리고, 출판을 허락해 주시고 많은 도움을 주신 학지사의 김진환 사장님과 담당자 여러분께도 감사의 마음을 전합니다.

역자 대표
장은진

들어가는 말

어떻게 하면 아이가 숙제를 하도록 할 수 있을까요? 어떻게 하면 매일 저녁 혼내지 않고 우리 애가 양치질을 하도록 할 수 있을까요? 아이가 같은 일에 대해 자꾸 거짓말을 하는데 어떻게 하면 좋죠? 벌을 주어도 달라지는 것이 없는데 왜 그럴까요? 『ADHD 아동을 위한 1000가지 베스트 팁-주의집중력과 긍정적 행동 향상을 위한 양육 지침』은 부모님들이 매일의 삶에서 자녀들로 인해 겪는 고충들을 해결하도록 돕기 위한 실용 안내서입니다. 여러분이 ADHD를 가진 자녀를 키우며 매일 맞닥뜨리는 여러 문제와 상황에서 어떻게 대처해야 할지에 대한 해답을 이 책에서 찾을 수 있을 것입니다.

ADHD를 가진 자녀를 키우는 일은 정말 너무나 힘든 일입니다. 문제가 발생하거나 극심한 좌절감을 안겨 주는 상황에서 우리는 신속하게 답을 찾고 싶어 합니다. 이제 이 책이 여러분에게 그러한 해답을 줄 수 있을 것입니다. 『ADHD 아동을 위한 1000가지 베스트 팁-주의집중력과 긍정적 행동 향상을 위한 양육 지침』을 통해 여러분이 맞닥뜨린 특정한 문제에 대해 신속하고, 읽기 편하며, 쉽게 행동으로 옮길 수 있는 구체적인 해답들을 제시해 드리고, 즉시 적용 가능한 해결 방안들을 알려 드리겠습니다. ADHD 아동들은 한 명도 비슷한 사람 없이 모두 제

각기 다른 특성을 나타내기 때문에 이 책을 통해 일반적으로 모든 문제에 통용되는 한 가지 해결책을 얻을 수는 없을 것입니다. 대신 여러 선택지 중에서 여러분의 자녀에게 가장 적합하게 적용할 수 있는 방안을 찾으실 수 있을 것입니다.

그리고 ADHD를 가진 자녀의 부모님이시라면 한 가지 해결책이 오늘 성공했다고 해서 내일도 성공하리라 보장할 수 없다는 사실 또한 잘 알고 계실 것입니다. 『ADHD 아동을 위한 1000가지 베스트 팁-주의집중력과 긍정적 행동 향상을 위한 양육 지침』에서는 각각의 문제에 대해 여러 다른 방법을 제시함으로써 하나의 해결책이 통하지 않는다면 다른 방안을 찾을 수 있도록 다양한 해결 방법을 제시하였습니다.

저는 ADHD 아동들을 20년 이상 치료해 온 아동심리학자로서 부모님들이 매일 정확히 어떠한 문제들을 접하고 계시는지 잘 알고 있습니다. 아이가 자기 자신과 부모님을 힘겹게 하는 다양한 행동을 보인다는 것을 압니다. ADHD를 가진 자녀와 우리는 하루도 동일하게 지나가는 날이 없고, 하루하루가 일관되지 못하고 예측 불가능할 것임을 예상하며 살고 있습니다. 단순히 일상적인 일과들을 처리하는 것도 넘기 힘든 산처럼 느껴지고, 도저히 나아질 기미가 보이지 않기도 합니다. 『ADHD 아동을 위한 1000가지 베스트 팁-주의집중력과 긍정적 행동 향상을 위한 양육 지침』은 부모님이 ADHD를 가진 자녀의 행동으로 일어나는 매일의 씨름을 끝내고 좀 더 순조로운 일상을 보낼 수 있는 방법들을 제시하고자 합니다. 그래서 여러분의 자녀와 함께 서로를 존중하면서 더욱 행복한 삶을 살게 되기를 바랍니다.

이 책을 어떻게 사용하면 좋을까요

『ADHD 아동을 위한 1000가지 베스트 팁-주의집중력과 긍정적 행동 향상을 위한 양육 지침』은 손쉽게 사용할 수 있는 지침서입니다. 이책은 처음부터 끝까지 모두 읽을 필요는 없습니다. 차례에서 자신이 도움을 필요로 하는 부분이 어디 있는지 살펴보고, 그 장을 펼쳐서 제시된 다양한 방법을 찾아보시면 됩니다. 특정한 방법이 다른 방법보다 더 나은 것은 아닙니다. 각각의 방법을 읽어 보시고 나서 어떤 방법이 도움이 될 것 같다고 생각되면 그 방법을 시도해 보면 됩니다.

그리고 나서 매일 성공했던 방법과 그렇지 못했던 방법들의 과정을 일지에 기록해 두십시오. 만약 어떤 방법이 성공했다면 더 이상 그것이 효과적이지 않을 때까지 지속해 보십시오. ADHD 아동들은 빠르게 변하기 때문에 한 가지 방법이 몇 주 혹은 몇 달 동안 성공했다가도 그 후에는 효력을 잃을 수 있고, 또 다른 새로운 방법을 찾을 필요가 생길 수 있습니다. 하지만 걱정 마세요. 저는 여러분이 처음에 찾았던 방법이 어느 순간 쓸모없게 될 줄을 알고 있기 때문에 다른 다양한 해결책을 제시해 두었습니다. 이때 다시 그 장으로 돌아가서 다른 방법을 살펴보시고 시도해 보세요. 이 책의 사용법은 이렇게 간단하답니다.

『ADHD 아동을 위한 1000가지 베스트 팁-주의집중력과 긍정적 행동 향상을 위한 양육 지침』을 통해 여러분은 제가 지난 20여 년의 세월 동안 ADHD 가족들과 함께 적용해 본 수많은 방법을 보실 수 있습니다. 여기에 실린 1000가지 방법은 각각 제가 상담에서 도움을 드렸던 수

백 가정과 함께 실시해 보고 확인된 방법들입니다. 만약 당신이 자녀를 데리고 제 상담실을 찾아오신다면 해 드릴 법한 조언들이 실려 있습니다. 우리는 당신의 자녀가 보이는 문제의 정체를 알아보고 그것을 해결하는 데 가장 적합하다고 생각되는 방법을 제시할 것입니다. 저는 당신과 함께 온 가족이 일주일 동안 이 방법을 누구와 어디에서, 무엇을, 언제, 왜, 어떻게 사용하였는지 일지에 한번 기록해 보시기를 권합니다.

저는 그 일지를 당신과 함께 검토해 보고 그 방법이 성공했는지 확인해 볼 것입니다. 그러면서도 한편으로 우리는 당신이 그 방법을 제대로, 일관성 있게, 매일, 어떤 식으로든 바꾸지 않고 적용하였는지 확인할 것입니다. 너무 많은 경우에 부모님들은 "그 방법은 통하지 않아요!"라거나 "실패했어요."라고 말하십니다. 부모님들이 제안된 방법을 완벽하게 따르겠다고 약속하셨음에도 불구하고, 그들이 실제 했던 방식을 우리가 자세히 살펴보면, 실패의 원인은 적용했던 그 팁에 문제가 있었던 것이 아니라 부모님들이 올바르게 실시하지 못했던 경우가 대부분이었습니다.

따라서 여러분이 적용했던 방법이 효과적이지 않았다고 결론을 내리기 전에, 여러분이 제 상담실에 같이 앉아서 얼마나 숙련되게 이 방법을 적용했는지 분석해 보는 장면을 떠올려 보시기를 권합니다. 이렇게 말하는 이유는 이 책에 소개된 모든 해결책이 성공할 수 있다는 사실을 의심의 여지없이 확신하기 때문입니다. 저는 부모님들이 실패했던 방법을 탓하며 더 쉽고 더 적은 시간과 노력을 요하는 다른 방법을 기대하는 편이 훨씬 더 수월한 선택임을 알고 있습니다. 혹시 이러한 생각이 당신을 제외한 다른 부모님들만 겪는 문제일 것이라고 생각하신다면, 단언하건

대 이러한 현상은 모든 부모님이 경험하고 있는 문제입니다. 자기 자녀의 행동 문제가 부모의 양육 방식과 관련이 있다는 사실에 대해서는 어느 누구도 인정하기 쉽지 않을 것입니다. 저는 부모님들이 스스로에게 잘못을 돌리거나 탓하기를 바라지 않습니다. 다만, 자녀들의 행동이 개선되기 위해서는 부모 자신의 양육태도가 자녀들의 행동에 어떤 영향을 미치는지에 대한 이해가 필요하다고 생각합니다. 부모님들이 ADHD를 유발시키는 것이 아닙니다. 하지만 부모님들은 ADHD를 호전시킬 수도 혹은 더 심화시킬 수도 있다는 것은 사실입니다.

만약 여러분이 여기서 제시된 팁들을 완벽에 가깝게 실시했다는 것을 확신하지만 긍정적 변화를 경험하지 못했다면, 주저하지 말고 바로 다른 방안을 찾아 시도해 보십시오.

이 책에 적힌 방법들은 특정한 순서에 따라 나열되지 않았으므로 어떤 방법이 당신 자녀의 경우에 가장 적합할 것인지는 당신의 직관에 따라 결정하십시오. 만약 당신이 전일 근무하는 직장인이고 퇴근 후 7시 혹은 그 이후에 세 자녀에게 저녁 밥상을 차려 주고 숙제를 봐준 뒤 씻기고 재워야 하는 일을 매일 반복해야 한다면, 자녀가 학교에서 좋은 행동을 보일 때 매일 밤 1시간 동안 놀아주기 같은 보상 방법은 선택하지 마십시오. 당신이 현실적으로 무엇을 실행할 수 있고 무엇이 실행 불가능한지에 대해 생각해 보시고 당신의 생활에 맞는 방안을 선택하시면 됩니다. 이 점이 바로 이 책의 장점입니다. 입는 옷도 '원 사이즈'가 모든 사람에게 맞지는 않는 것처럼 말입니다. 당신은 자녀에게 맞는 방법을 선택하여 사용하시면 됩니다.

그 방법이 실제로 도움이 되는지 어떻게 알 수 있나요

적용한 방법이 실제로 도움이 되는지 확인할 때 가장 중요한 점은 그 방법을 통해 무엇을 얻고자 기대하는지에 대해 정확히 아는 것입니다. 너무 많은 부모님이 자녀들의 문제가 '고쳐지기/치료되기'를 바랍니다. 또한 고치기 힘들다면 최소한 행동이 중단되기를 바랍니다. 만약 자녀가 치료되지 않거나 문제행동이 중단되지 않는다면, 부모님은 적용했던 방법이 별 효용이 없다고 결론 내리고, '치료 가능한' 다른 마법 같은 특효약이나 마술적인 기술을 찾아내기 위해 끝없는 탐색을 이어 갈 것입니다.

많은 부모님의 기대치는 ADHD의 현실에 비추어 볼 때 너무나 이상적이면서도 너무나 높은 경우가 많습니다. 아마도 여기에는 제약 회사들이 환하게 웃는 어머니 옆에 100점으로 채점된 숙제를 들고 자랑스럽게 서 있는 자녀들의 사진이 들어간 홍보물들을 통해 꿈을 팔아 온 것이 큰 이유일 것입니다. 제약 회사들은 자회사의 약을 복용하는 자녀들 중 80%에게서 그 약이 '효과적'이었다고 말하지만 그들은 '효과적'이라는 단어의 뜻을 설명해 주지 않습니다. 이 때문에 부모님들은 '효과적'이라는 말의 뜻을 다른 약들처럼 ADHD도 그 제약 회사의 약이 '통한다'는 의미로 해석할 수 있을 것입니다. 마치 약을 삼키고 나면 몸 상태가 좋아지고, 그러고 나면 '문제 해결로 종료된다'는 공식처럼 받아들이기 쉽습니다.

하지만 ADHD는 꼭 그렇게 되지 않는다는 사실이 중요합니다. 그 어떤 것도 ADHD를 치료할 수는 없습니다. ADHD 아동들은 그 증상을 최소한 유·아동기부터 나타내는데, 대부분이 청소년기까지 지속됩니다. 그 증상들은 사라지지 않고 약으로도 치료할 수 없습니다. 또한 그 어떤 심리적 기술이나 도구 혹은 방법들로도 치료되기는 어렵습니다.

ADHD에 무엇이 효과적이고 어떤 것이 도움이 될지에 대한 기대치는 이 장애의 현실과 함께 고려되어야만 합니다. 냉혹한 현실은 이것은 치료되지 않는다는 것입니다. 당신이 하는 그 어떤 것도 장애를 멈추게 할 수는 없습니다. 하지만 우리는 이 장애를 관리할 수는 있습니다. 당신의 목표는 이 책에 나와 있는 방법들을 사용하여 그 증상들을 관리하는 것입니다. 만약에 ADHD 증상을 관리하는 데 사용하신 방법이 도움이 된다면 그 방법은 효과적인 것입니다. 만약에 그 방법의 사용을 중단한다면 증상은 더 악화될 가능성이 높습니다.

ADHD를 대할 때의 목표는 증상이 얼마나 자주 나타나는지, 얼마나 심각한지, 얼마나 길게 지속되는지, 얼마나 생활에 지장을 주는지를 보고 이를 감소시키는 데에 있습니다. 만약 당신이 한 방법을 사용해 보았는데 문제의 발현 빈도가 감소되었거나, 심각도가 약화되었거나, 부정적 결과로 끝맺는 횟수가 줄었다면 그 방법은 효과적인 것입니다. 여러 해가 지나며 당신의 자녀가 자신만의 기술을 터득하게 되면서 문제는 점차 사라질 확률이 높습니다. 그렇습니다. 이 기간은 불과 몇 주나 몇 달이 아니라 몇 해를 말하는 것입니다.

ADHD가 지속된다는 것을 인정하고 초점을 ADHD가 동반된 삶을 살아가는 방법에 대해 배우는 것으로 이해한 부모님들은, 자녀의

ADHD에 대항하여 싸우는 부모님들보다 훨씬 더 수월한 시간을 보내고 계십니다. 그들은 ADHD의 존재에도 불구하고 어떻게 하면 좀 더 원만하게 생활할 수 있을까에 초점을 맞춥니다. 그들의 삶은 혼란과 낙망 속에 빠져 있지 않습니다. 그들은 자녀들을 포용하며, ADHD와 '함께'하는 삶을 살아가는 방법들을 활용합니다.

ADHD에 대해 더 많이 알아갈수록 당신 인생에 초청하지 않았던 장애의 존재에 대해 수용하는 일이 더 쉬워집니다. ADHD는 과연 무엇인지 또 무엇이 아닌지에 대해, 또 함께 동반되는 다른 장애는 어떤 것들이 있는지, 어떻게 평가를 받을 수 있고, 약물로 인해 호전될 수 있는 것과 불가능한 것은 어떤 것들인지 등과 같은 질문들에 대한 정확한 이해를 『The ADD & ADHD Answer Book』(역자 주-학지사 번역 출간 예정)의 부모님의 질문을 통해 얻을 수 있으실 겁니다. 이 장애에 대해 폭넓은 지식이 더해질수록 당신은 이 책에서 제시된 '왜'나 '어떻게'와 관련된 방법들을 이해하기가 더 쉬워질 것입니다.

토큰경제 및 점수체계에 대한 이해는 이 책의 많은 전략을 사용하는 능력을 배가시킬 것입니다. 책 전반을 통해 여러분은 자녀가 협력할 때 상으로 점수 주기를 제안 드리는 것을 보실 수 있을 것입니다. 토큰경제는 자녀가 한 과제를 마칠 때마다 정해진 점수를 얻게 되는 시스템입니다. 다른 말로는 행동기록표나 점수체계로 불리기도 합니다. 행동기록표가 소수의 행동만을 포함한다면, 토큰경제법은 더 종합적인 계획이며 자녀가 필수적으로 행해야 할 모든 각각의 행동에 대해 점수나 코인과 같은 토큰을 부여하는 것입니다. 아침에 기상하기, 옷 입기, 양치하기, 아침 식사하기 등과 같이 아침 기상 시부터 저녁 취침 시까지 거의 대부분의 행동을 포함합니다. 이 점수나 토큰으로 TV를 보거나 친구 집에서 잠자기, 혹은 피자나 아이스크림같이 좋아하는 음식을 사 먹거나, 스티커, 장난감, 옷, 게임 등 본인이 가지고 싶은 것들을 살 수 있도록 상을 주는 것입니다. 행동 문제가 별로 없는 ADHD를 가진 자녀에게는 서너 가지의 행동 변화를 목표로 하는 간단한 행동기록표가 효과를 볼 수 있지만, 좀 더 심각한 수준의 ADHD를 가진 자녀에게는 낮과 밤에 행해지는 대부분의 활동, 과제, 행동에 대해 토큰경제법을 사용하는 것이 효과적입니다.

차례

01

시작하기

—

진단 관련 팁

수용을 위한 팁

약물치료에 대한 팁

진단 관련 팁

아마도 당신의 자녀가 이미 ADHD로 진단을 받았을 것으로 예상합니다. 그렇지 않았다면 당신이 이 책을 펼쳐 보지 않았을 가능성이 높기 때문입니다. 하지만 ADHD에는 진단을 넘어 살펴볼 것들이 더 있습니다. 다음 21가지 팁은 당신의 자녀에게 추가적인 평가가 필요한지 알려 드릴 것입니다.

1 아이가 일반적인 소아과 전문의나 일반 정신건강의학과 전문의가 아니고, 공인된 소아정신과 전문의에게 평가를 받았는지 확인할 필요가 있습니다. 소아청소년 전문 정신건강의학과 전문의는 아이가 혹시 다른 장애를 동반하고 있는지 알려 줄 수 있습니다.

2 ADHD 아동 중 50~80%가 최소 한 가지 이상의 다른 장애를 동반하고 있다는 사실을 알 필요가 있습니다. 이 말은 당신의 자녀가 매일 겪는 어려

2. 당신의 자녀가 매일 겪는 어려움의 원인에는
ADHD 말고도 다른 문제가 있을 확률이 높습니다.

움의 원인에는 ADHD 말고도 다른 문제가 있을 확률이 높다는 뜻입니다.

3 만약 당신의 자녀에게 다른 장애도 존재한다고 평가받았다면, ADHD로 진단한 전문가가 누구인지 물어보세요.

4 가장 흔하게 동반하여 진단되는 장애는 적대적 반항장애입니다. 아이가 논쟁하고 반항하거나 대들고 화를 표출할 때에는 단순히 ADHD 때문만이 아닌 적대적 반항장애일 가능성이 높습니다. 이 외에도 자주 동반되는 장애로는 학습장애나 우울, 불안, 품행장애 등이 있습니다.

5 학습장애(LD)는 ADHD 증상과 유사하다는 사실을 기억하십시오. 학습장애를 간과하고 모든 문제를 ADHD의 탓으로 돌리는 경우가 많습니다.

6 반드시 학습장애에 대한 평가를 받도록 하십시오. 아동기 때 학습장애는 가장 빈번하게 간과되는 장애입니다.

7 학습장애의 가능성에 대해 자녀가 고등학교나 대학교에 진학할 때까지 지체하지 마십시오. 학습장애가 동반되는지 여부에 대해 가능한 한 빨리 감별·진단해 볼수록 추가적으로 필요한 도움을 빨리 받을 수 있습니다.

8 아동심리학자에게 학습장애 감별을 위해 자녀의 성적표를 가져가십시오. 어떤 아동들은 학습장애가 아니라는 것이 너무나 뚜렷하게 나타나기

때문에 더 이상의 조치가 필요하지 않을 수 있습니다. 이와는 반대로 어떤 아동들에서는 학습장애의 가능성이 시사되는 성적표를 발견할 수 있습니다. 이 경우, 학습장애에 대한 공식적인 검사가 필요합니다.

9 학습장애 감별을 위한 검사는 소아청소년 전문 임상심리전문가나 교육심리학자, 혹은 신경심리학자에 의해 진행되어야 하며, 반드시 지능검사(IQ Test)와 표준화된 학업성취도검사를 포함해야 합니다.

10 서점이나 온라인으로 구매할 수 있는 검사를 통해 자녀의 지능지수(IQ)를 평가하려고 시도하지 마십시오. 그것들은 지능 진단평가를 위해 공인된 지능검사가 아니며, 진단에 참고할 수 없습니다.

11 이보다 동반 유병률이 낮은 장애로는 아스퍼거 증후군이 있습니다. ADHD가 있다고 해서 자녀에게 아스퍼거 증후군이 있다고 말할 수는 없지만, 아스퍼거 증후군이 있다면 ADHD를 동반할 가능성은 매우 높습니다.

12 청소년 자녀에게 물질 사용이나 남용의 가능성이 있는지 살펴볼 필요가 있습니다. 이러한 행동은 ADHD를 나타내는 청소년들에게 흔히 동반되는 장애입니다.

13 ADHD 진단을 위해 전문적인 심리검사가 항상 필요한 것은 아닙니다. 숙련된 아동심리학자라면 자녀의 성적표와 면담, 행동 관찰과 표준화

된 질문지 등의 근거에 기반하여 진단을 내릴 수 있습니다.

14 만약 ADHD의 하위 유형인 주의력결핍 우세형(일반적으로 ADD로 지칭된다.)으로 의심된다면, 전문적인 검사가 필요할 수 있습니다. ADHD의 과잉행동 우세형의 경우 전문적인 검사가 필수적이지는 않습니다.

15 중요한 것은 자녀가 ADHD인지 절대적으로 확정지을 수 있는 특정한 검사나 종합심리평가는 존재하지 않는다는 사실을 이해하는 것입니다. 진단은 전문가의 숙련된 전문지식과 판단에 의해 내려지는 것이지 어떤 하나의 특정한 검사나 일련의 검사 세트를 통해 내릴 수 있는 것이 아닙니다.

16 만약 아동심리학자가 자녀에게 생각보다 비교적 빠른 시간 안에 ADHD 진단을 내렸다고 해서 뭔가 미흡하다거나 섣부르다는 느낌을 받지 않으셔도 됩니다. 만약 그 아동심리학자가 ADHD 전문가라면 많은 경우에 아동, 청소년이 ADHD라는 것을 아는 것은 그리 어려운 일이 아닙니다.

17 진단평가를 위해 상대적으로 더 긴 시간과 더 많은 금액을 지불하는 것이 더 정확한 평가를 보장한다고 말할 수는 없습니다. 전문가가 더 명확한 판단을 위해 좀 더 심층적인 평가와 과정이 필요하다고 말하면, 그때 추가적으로 비용을 지불하셔도 늦지 않습니다.

18 자녀에게 ADHD나 기타 다른 정신장애가 있는지 확인하기 위해 MRI,

PET, CT, 혹은 EEG 같은 신체적인 검사를 받는 데 비용을 쓰지 마십시오. 어떤 의학적 검사도 ADHD나 이외 기타 심리적 장애를 진단하기 위한 것은 아닙니다. 이러한 검사들은 대개 큰 금액이 드는데, 이러한 검사들을 받게 된다면 당신은 치료비, 학비, 과외지도비 등으로 사용할 수 있는 소중한 돈을 잃게 될 것입니다.

19 카테고리와 날짜가 기재된 기록 노트를 만드세요. 당신이 자녀와 작업하는 전문가와 공유할 수 있도록 자녀의 아동기와 청소년기 전반에 걸쳐 정리된 기록을 준비할 필요가 있습니다.

20 기록 노트의 카테고리로는 성적표, 개별화 교육 프로그램, 학업성취도 검사 점수, 의학적 평가 및 과정, 약물, 심리학적 평가 및 치료, 교육적 평가 결과와 함께 자녀가 받았던 기타 모든 평가 및 치료 관련 기록들이 포함됩니다.

21 기록 노트에 처방받은 약물에 대한 일지를 기록하십시오. 여기에는 약물 명칭, 복용량, 복용 시작 및 마지막 날짜, 부작용, 자녀가 나타낸 반응 등이 포함됩니다. 이것은 여러 해에 걸쳐 자녀를 치료할 의료진에게 필요할 것입니다. 이렇게 명확한 기록은, 예를 들어 지난 5세, 6세, 7세 때에 어떤 약물을 얼마나 복용했는지 당신의 머릿속에 남아 있는 기억보다 훨씬 큰 도움을 줄 것입니다.

27

수용을 위한 팁

 ADHD를 가진 자녀를 양육하는 과정이 얼마나 성공적일지를 가늠할 수 있는 중요한 판가름을 내리는 시점은 당신이 자녀가 이 장애를 가지고 있다는 현실을 수용하는지 여부에 따라 달라집니다. 당신이 현실을 받아들이는 정도에 의해 당신이 하는 모든 말과 행동이 자녀에게 영향을 미칠 것입니다. 만약 당신이 실제적인 장애로 ADHD를 인정하는 것을 부정적인 태도와 회의적인 시각으로 바라본다면, 혹은 자녀가 의도적으로 잘못된 행동을 하거나 당신을 조종하려는 목적으로 게으른 것이라고 생각한다면, 당신은 부모로서 자녀를 효과적으로 양육하지 못하게 될 것입니다. 만약 자녀에게 장애가 있다는 사실을 긍정적인 태도로 바라보고 받아들인다면, 당신은 부모로서 도움을 주고자 하고 공감적이며 인내심을 가지고 양육할 수 있을 것입니다. 만약 당신이 자녀를 있는 그대로 받아들이기를 거부하고, 또한 자녀를 바꿔 줄 약이나 '고쳐 놓는' 치료법을 계속 찾는다면, 아마도 당신은 영원히 고통을 겪을 것이고 양육하는 동안 자녀의 특성으로 인해 경험할 수 있는 즐거움을 놓치게 될 것입니다. 만약 ADHD와 관련된 기본적인 사실들을 수용한다면, 당신은 자녀를 온전히 수용할 수 있고 그들의 행동적·사회적·학업적인 도전들을 함께하면서 자녀에게 필요하며, 자녀의 특성에 어울리는 방향으로 양육하며 키울 수 있을 것입니다.

22 자녀에게 ADHD가 있다는 사실을 받아들이십시오. 당신이 해야 할 일은 이 특별한 아이에게 맞는 가장 최선의 양육 방법을 배우는 것입니다.

23 당신이 무엇을 잘못했는지 의문을 가지거나, 죄책감을 느끼는 데 시간을 낭비하지 마십시오. ADHD가 되도록 유발시키는 것은 불가능한 일입니다.

24 ADHD가 게으름으로 인한 장애처럼 보일 수 있으나, 연구들에 따르면 감정 조절이나 충동 조절, 활동량과 주의력 조절을 하는 뇌기능에 장애가 있는 것으로 알려져 있습니다.

25 자녀를 탓하지 마십시오. 우리는 ADHD의 원인에 대해 정확히 알지 못합니다. 따라서 우리가 이해하지 못하는 자녀의 증상에 대해 아이 탓을 해서는 안 됩니다.

26 ADHD는 최소한 청소년기가 시작될 때까지 지속되며, 더 빈번하게는

성인기 전반에 걸쳐 자녀의 ADHD가 지속되리라는 사실을 알고 계십시오.

27 이 세상에는 ADHD를 완전히 낫게하는 치료 방법도 없습니다. 이것은 부정할 수 없는 현실입니다.

28 '고치거나' 치료법을 찾는 것에 노력을 기울이지 마시고, 당신과 자녀 그리고 온 가족의 삶의 질을 높이는 데 초점을 맞추십시오.

29 존재하지 않는 어떤 마법적인 해결책을 찾아 헤매는 것을 중단하십시오. 왜냐하면 존재하지 않기 때문입니다. 해결책은 부모님의 양육 방식에 달려 있습니다.

30 목표는 자녀가 변화되는 것이 아니라 일상적인 생활이 잘 돌아가는 일이 좀 더 자주 일어나는 것에 있습니다.

31 잘되지 않고 있는 것에 초점을 맞추기보다는, 잘되고 있는 것에 초점을 맞추십시오.

32 강점 중심의 접근을 취하십시오. 자녀가 못하는 것에 초점을 맞추는 결핍 중심의 접근보다, 잘하고 있는 것에 초점을 맞추는 것이 도움이 됩니다.

33 만약 둘러싼 환경이 적절하지 않다면 자녀를 바꾸기보다는 환경을 바

꾸십시오.

34 만약 현재의 스케줄이 적절하지 않다면 자녀를 바꾸기보다는 스케줄을 바꾸십시오.

35 만약 어떤 것이 도움이 된다면 그것을 계속하십시오. 바꿀 필요가 있을 때까지 다른 것을 찾지 마십시오.

36 자녀의 나이보다는 자녀가 기능하는 정도에 부모님의 기대를 맞추십시오.

37 ADHD 아동들이 또래에 비해 다양한 영역에서 2~3년가량 뒤처지는 것은 일반적인 현상입니다.

38 당신의 사전에서 "우리 아이는 ~을 절대로 못할 거예요."라는 문장을 지우십시오. 아이는 궁극적으로 당신이 바라는 행동을 하게 될 가능성이 큽니다. 단지, 그 시일이 ADHD를 가지고 있지 않은 또래에 비해 수년 정도 늦게 찾아올 뿐입니다.

39 자녀가 스스로를 조절할 수 있는 능력은 그날의 컨디션에 따라 매일 혹은 매시간마다 달라지기 때문에 때로는 좋을 때도 있고, 때로는 나쁠 때도 있을 것입니다.

40 어제 자녀가 좋은 모습을 보였다고 해서 오늘은 자연적으로 더 나은 모습을 보일 것이라고 기대하지 마십시오.

41 자녀에게는 '과도할 정도'의 인내심을 가지십시오.

42 문제가 발생하기 전에 먼저 예방하는 것이 중요하다는 사실을 명심하십시오.

43 자녀에게 어떤 기술을 가르쳤다고 해서 자녀가 그것을 바로 실행에 옮길 수 있다고 생각하지 마십시오. ADHD 아동들은 기술을 자기 것으로 체득하기 전까지 다년간의 지원과 협조가 필요합니다.

44 ADHD 치료의 본질은 '반복'입니다. 자녀가 한 가지 기술을 습득하는 것을 돕기 위해서는 끊임없이 그리고 지속적으로 반복해서 실행해 보아야 합니다.

45 자녀가 일상을 조금이라도 쉽게 지내도록 하기 위해 가능한 한 많은 지원과 협조를 제공하십시오. 이 책의 내용에서 다양한 종류의 지원 방법을 찾을 수 있을 것입니다.

46 자녀가 스스로 할 수 있게 될 때까지 인내심을 가지고 천천히 지도하고 도와주시기 바랍니다. 자녀를 위해 모든 것을 해 주는 것은 자녀가 스스

로 할 수 없게 만듭니다.

47 다른 사람들이 당신에게 자녀를 과보호한다고 비판하는 소리에 흔들리지 마십시오. ADHD 아동은 작업이나 기술을 스스로 할 수 있기 전까지 일반 아동에 비해 추가적인 도움과 협조를 필요로 합니다. 도와주기를 주저하는 것은 실패의 첫걸음이 됩니다.

48 당신이 제공하는 지원과 환경은 자녀가 현재의 과업을 성공하도록 할 뿐만 아니라, 자녀가 미래에 맞닥뜨리게 될 과제를 넘어서기에 필요한 기술과 자존감을 갖추게 해 줍니다.

49 자녀가 스스로를 돌보고 환경에 적응하는 방법을 배워 당신에게 덜 의지하는 날이 올 것이라는 것을 믿고 마음의 위안을 삼으십시오.

50 자녀가 잘되도록 돕는 것과 자녀의 독립성을 방해하는 것을 잘 구분하여 섬세한 균형을 유지해야 합니다.

51 자녀가 인생의 바다를 수영하여 행동의 결과를 경험하게 도와주시되 너무 멀리 보내 바다에 빠지지 않도록 주의하십시오.

52 자녀가 실패한 일에 대해서 어떻게 행동했어야 하는지에 대해 자녀 스스로 이야기할 때가 자주 있다는 걸 기억하실 것입니다. 자녀가 지식은 있

51. 자녀가 인생의 바다를 수영하여
행동의 결과를 경험하게 도와주십시오.

으나 그것을 행동으로 옮기기는 어려운 것일 수 있습니다.

53 과제 마치기나 성적 올리기 등 단기적 목표를 너무 강조한 나머지 자녀의 성인 시기에 꼭 필요한 장기적이고 큰 목표인 삶을 살아가는 기술을 가르치는 것을 놓치지 않도록 주의하셔야 합니다.

54 자녀에게 도움을 제공하는 것과 스스로 경험을 통해 배우는 것이 균형을 이루도록 해 주세요. 아이는 이십 일 내내 혼자 숙제를 한 후에야 당신의 도움이 필요하다는 것을 인정할 수도 있습니다.

55 자녀가 나쁜 선택을 하더라도 결과적으로는 문제해결능력을 키울 수 있는 기회가 되며, 그 과정을 통해 배울 수 있다는 것을 잊지 마십시오.

56 자녀 인생의 성공이나 실패를 부모로서의 자신과 분리하여 생각하세요. 자녀의 글짓기 D학점은 부모평가 D학점이 아닙니다.

57 실패는 되지 않을 일에 대한 분별력을 배우는 기회입니다.

58 ADHD는 자녀의 행동에 대한 설명은 될 수 있지만 절대 변명이나 핑계는 될 수 없습니다.

59 자녀의 부적절한 행동에 대해 방어적으로 대처하지 마십시오. 부모님

의 방어적인 태도는 오히려 당신과 자녀에게 사회적 거부를 경험하게 할 것입니다.

60 자녀가 상대방에게 부적절하게 행동하였다면 정중하고 구체적으로 사과하십시오. "제 아이가 당신의 아들에게 침을 뱉은 행동에 대해 죄송합니다. 제 아이가 쉽게 불만을 느끼지만 분노를 조절하는 방법을 아직 온전히 익히지 못했습니다. 저희가 사과의 의미로 할 수 있는 것이 있다면 알려 주세요."

61 ADHD를 변명으로 사용하지 마세요. 상대에게 자녀가 ADHD가 있다고 알리는 것은 괜찮으나 거기서 끝내면 안 됩니다. 그들이 목격한 문제를 해결하기 위하여 당신이 어떤 노력을 하고 있는지도 알려 주셔야 됩니다. "제 아이의 ADHD로 인한 충동성이 간혹 공격적인 행동을 초래합니다. 그래서 치료를 위해 아동 분노조절 기관을 다니고 있습니다." 당신이 문제를 인지하고 해결하기 위해 노력하고 있다는 것을 알면 상대는 훨씬 관대하게 공감해 줄 수 있습니다.

62 아이에게 장애가 있는지와 그에 대해 당신이 어떻게 조치하는지 남들이 상관할 바 아니라고 생각하실 수 있습니다. 맞습니다. 하지만 만일 다른 이들에게 지지와 수용, 이해를 바라신다면, 그리고 아이가 사회와 가족 활동에 참여하기를 원하신다면 상황을 조금 공개하는 것이 이러한 목표를 달성하는 데 도움이 될 것입니다.

63 아이를 지지해 주지 않는 어른은 피하십시오. 당신이 자녀의 상황을 설명해 주어도 친절함과 인내심으로 대해 줄 수 없는 어른은 아이가 만나지 않도록 하는 것이 최선입니다.

64 비슷한 생각을 가진 부모들을 찾으세요. ADHD에 대한 이해도가 높거나 ADHD를 가진 자녀가 있는 부모에게 지지와 이해, 공감 그리고 좋은 아이디어를 받을 수 있습니다.

65 융통성, 인내 그리고 관대함이 부족한 어른에게 자녀를 맡기는 것을 피하십시오. 자녀를 포함하여 관련된 모든 이가 힘겨움과 좌절을 경험할 수 있습니다.

66 부모님의 친구나 친지 등 어른들의 만남에 자녀와 함께하려고 노력하지 마십시오. 어른들과의 만남은 자녀의 행동이나 안전에 대해 걱정하지 않아도 되는 시간으로 계획하세요.

67 자녀와 떨어져 있는 시간을 정해 두세요. 당신은 그럴 자격이 있으며, 즐거운 시간을 보내고 나면 더욱 인내심을 가지고 자녀를 대할 수 있습니다.

약물 치료에 대한 팁

ADHD를 가진 자녀를 키우는 데 있어서 약물치료는 아마도 가장 논란이 많은 사안일 것입니다. 약물을 치료의 최우선 순위로 하는 부모는 한 명도 없음에도 ADHD 아동의 80%는 어느 시점에 약물치료를 합니다. 약물이 도움이 되는 것과 안 되는 것을 정확히 아는 것은 필수적입니다. 부작용에 관하여 정보를 갖고 있는 것도 매우 중요합니다. 약물치료의 길을 어디까지 걸을지에 대한 철학을 가지고 약이 부모의 역할까지 대신 해 주길 기대하지 않아야 합니다. 다음 38가지 팁은 당신이 ADHD 치료 약물을 지혜롭게 사용하도록 만들어 줄 것입니다.

68 약물의 효능에 대해 현실적이 되어야 합니다. 약물은 주의, 초점, 집중 능력을 높여 주고, 과잉행동(hyperactivity), 충동성(impulsivity), 산만함(distractibility)을 낮추는 데 효과적입니다.

69 약물은 자녀의 ADHD를 치료할 수 없다는 것을 아셔야 합니다.

70 자녀에게 투약하기 전에 약물에 대한 정확한 정보를 얻으십시오.

71 모든 약물에는 위험성이 있습니다. 자녀가 복용할 약물에 대한 위험 요소도 충분히 공부하여 감수할 만한 위험인지 현명한 선택을 하셔야 합니다.

72 자녀의 약과 함께 제공되는 정보 팸플릿과 제조업체의 웹사이트 내용을 읽으세요. 복용량, 부작용 및 약의 이점에 대해 가능한 모든 것을 알아 두십시오.

73 약물의 성분을 확인하세요. 많은 부모가 자녀에게 주는 자극제에 암페타민 성분이 포함되었다는 사실에 충격을 받곤 합니다.

74 자극제가 ADHD 아동들에게는 반대의 효과를 끼쳐 진정 효과가 있다는 믿음을 버리십시오. 소량의 암페타민은 복용하는 거의 모든 사람에게도 주의력과 집중력 그리고 과제수행능력을 높여 줍니다.

75 자극제가 자녀에게 효과가 있어도 이것이 자녀에게 ADHD가 있다는 증거가 아님을 이해하셔야 합니다. 이 약은 ADHD가 없는 거의 모든 사람에게도 동일한 영향을 미칩니다.

76 소아과 의사가 자녀의 심장 건강을 모니터링하고 있는지 확인하십시오. 자극제를 복용하는 아동은 심장병 위험이 높아집니다.

77 자녀가 복용하는 모든 약물에 대해 약물 이름, 복용량, 시작 날짜, 중단 날짜, 부작용, 반응, 약물 처방 이유 및 약물 중단 이유를 기록하여 영구 보관할 투약 노트를 만드세요. 이렇게 함으로써 당신과 함께 자녀의 담당 의사는 정보에 입각해서 약물 관련 결정을 내릴 수 있습니다.

78 모든 투약 팸플릿을 투약 노트에 보관하십시오. 추후 부작용 정보를 참조해야 할 수도 있습니다.

79 자녀가 새로운 약을 복용하거나 복용량에 변화가 있을 때 모든 부작용과 변화를 기록하십시오. 약물에 대한 자녀의 반응을 일일이 기억하기 어려울 수 있으므로 진료 시 의사에게 기록을 보여 주세요.

80 약물치료에 대해 현실적인 기대치를 설정하십시오. 마법의 알약이나 한 병으로 치료되는 물약은 존재하지 않습니다.

81 약물치료는 주의력, 집중력, 과잉행동 및 충동 조절에 도움이 됩니다. 하지만 자녀가 숙제를 하거나, 동생과 사이좋게 지내거나, 방을 청소하거나, 개에게 먹이를 주거나, 보고서를 쓰게 하는 것은 불가능합니다. 그것은 부모의 몫입니다.

77. 자녀가 복용하는 모든 약물에 대한 투약 노트를 만드세요. 당신과 함께
담당의사는 정보에 입각해서 약물 관련 결정을 내릴 수 있습니다.

82 약물 부작용으로 인하여 발생할 수 있는 자녀의 기분 변화를 모니터
링하십시오.

83 약물이 유일한 치료방법이 되어서는 안 됩니다. 약물은 장기 행동 치료
와 병행할 때 최상의 효과가 있습니다.

84 심각한 부작용은 즉시 의사와 의논하십시오.

85 자녀를 진료하는 의사와 월 1회 면담을 하세요. 연구에 따르면 전통적
인 분기별 모니터링보다 더 자주 모니터링을 받는 ADHD 아동이 더 좋은
결과를 얻습니다.

86 자녀가 '좀비'처럼 보이면 약물 과다 복용이 의심되니 즉시 의사에게
알리십시오.

87 불면증, 복통, 식욕 부진, 두통 및 과민한 감정 등 일반적인 부작용을 관
찰하여 의사에게 즉시 보고하십시오.

88 약물은 자녀를 돕는 도구일 수 있습니다. 하지만 그 어떤 아이도 ADHD
치료를 목적으로 약이 필요하지 않습니다.

89 약물 복용 여부에 따른 자녀의 행동 변화를 매일 판단하려는 유혹을 이

기셔야 합니다. 우리 모두 좋은 날도 있고 나쁜 날도 있는 것처럼 ADHD 약물을 복용하는 아동 역시 그렇습니다.

90 자녀에 대한 ADHD 약물 투약 여부는 온전히 당신의 선택이며, 어느 학교도 투약을 강요할 수 없으니 교사의 투약 권유에 압박을 받지 마십시오.

91 완벽한 약을 찾기 위해 약을 반복해서 바꾸지 마십시오. 투약 아동도 강도와 빈도가 낮아질 뿐 계속 ADHD 증상이 있습니다.

92 ADHD 아동의 행동 문제 대부분은 약물로 치료할 수 없음을 이해하셔야 합니다. 거짓말, 짓궂은 놀림, 방 어지럽히기, 낮은 자존감, 부족한 사회성, 비디오게임에 대한 집착 등은 약물로 멈추어지지 않습니다.

93 투약으로 인해 자녀의 성격에 변화가 생기면 문제가 있을 수 있으니 즉시 의사와 상의하십시오.

94 약물치료는 많은 시행착오를 겪어야 합니다. 첫 번째 처방으로 적합한 약물을, 적절한 용량으로, 적시에 제공하기는 어렵습니다. 적합한 처방을 위하여 자녀에게 얼마만큼을 실험해 볼 것인지 결정하셔야 합니다.

95 자극제는 약물치료 후 틱 증상이 시작될 수 있으니 그런 경우 즉시 의사에게 연락하십시오.

96 당신에게 틱이 수용 가능한 부작용이라고 알려 주는 의사와 함께하지 마십시오. 틱 증상은 영구적으로 남을 가능성이 높습니다.

97 자녀를 진료하는 의사가 약물 부작용을 다스리기 위하여 다른 약물을 사용하기를 원한다면 매우 조심하셔야 합니다.

98 왜 자녀의 약물치료를 선택했는지 자문하십시오. "아이에게 필요하다." 또는 "아이가 약물 없이는 올바로 기능할 수 없다."와 같은 답변은 현실에 근거한 것이 아닙니다. 자극제를 필요로 하는 ADHD 아동은 없습니다. 자녀는 충분히 잘 기능하고 있으나 당신의 기대에 못 미칠 뿐입니다.

99 자녀의 문제행동에 대하여 자녀와 대화하는 중에 절대 "오늘 약 먹었니?"라고 묻지 마십시오. 이런 질문은 자녀에게 약 복용 여부가 자신의 행동을 결정짓는다는 생각을 하게 만듭니다.

100 약을 탓하거나 고마워하지 마십시오. 약 복용은 복용하지 않을 때보다 자녀가 자제력을 발휘하도록 돕는 도구일 뿐 자제력을 만들어 주거나 상실하게 할 수는 없습니다.

101 자녀의 나이에 관계없이 항상 자녀의 약물을 관리하십시오. 미국의 경우 많은 고등학생이 여분의 약을 친구들에게 나눠 주거나 판매합니다.

102 약을 나눠 주는 것은 범죄 행위라는 걸 당신의 고등학생 또는 대학생 자녀에게 가르쳐 주세요. 미국의 많은 대학은 이 범죄를 막기 위해 열심히 노력하고 있으며, 기소 등의 조치를 취하고 있습니다.

103 자녀에게 약물 선택의 여지가 없었다면 어떻게 했을지 스스로에게 물어보십시오. 당신은 자녀가 증상을 가지고 있음에도 불구하고 잘 지내면서 성공할 수 있는 환경을 만드는 데 필요한 기술을 배워야 할 것입니다.

104 방학 기간 동안 자녀의 약물치료를 계속할지 잘 고려하십시오. 주의력 문제가 있어 학업을 위해 약을 복용하는 경우, 방학 중에는 약물치료를 중단하기도 합니다. 하지만 과잉행동 및 충동행동 문제가 있는 아동은 방학 기간 동안에도 약을 복용하는 경우가 많습니다. 자녀에게 약을 처방하는 의사와 상의하여 결정하십시오.

105 방학 기간은 자녀에게 약물 없이 온전히 자신으로 살아볼 기회가 될 수 있습니다. 자녀에게 약을 처방하는 의사와 상의하십시오.

100. 방학 기간은 온전히 자신으로
살아볼 기회가 될 수 있습니다.

02

일반적인 ADHD 행동

—

행동 개선을 위한 팁

분노조절을 위한 팁

가만 있지 못하는(꼼지락거리는) 행동에 대한 팁

주의집중을 위한 팁

건망증에 대한 팁

방해하는 행동에 대한 팁

행동 개선을 위한 팁

ADHD 아동은 삶의 여러 영역에서 행동 문제를 보입니다. 이것은 그저 이 장애의 본질입니다. ADHD 아동은 고의적으로 잘못된 행동을 하지는 않습니다. 그는 단지 알고 있는 옳은 행동을 잠시 잊어버립니다. 그는 당신이 하는 말을 듣기는 하지만 즉시 잊어버리지요. 당신이 한 말을 기억할 수도 있지만 무언가에 정신이 팔리고 산만해질 수 있습니다. 당신이 요청하는 작업을 시작은 할 수 있지만 어떤 단계를 거쳐 완성해야 할지는 전혀 모르고 있습니다. ADHD의 이러한 증상들은 당신이 항상 최고의 양육태도를 유지해야 한다는 뜻이기도 합니다. 당신이 조금만 느슨해져도 자녀의 행동에 반영이 됩니다. 다음 18가지 행동 관련 팁은 자녀의 행동 관리에 관하여 당신이 견고한 기초를 가졌음을 확신하게 할 것입니다.

106 문제행동이 언제든 발생할 수 있다고 마음의 준비를 하여 문제행동이

발생할 때 놀라거나 화내지 마십시오.

107 예방은 부모의 첫째 도구입니다. 예방할 수 있는 문제는 해결할 필요가 없습니다. 자녀가 거의 매일 준비물을 잊어버리면 잔소리하고 벌을 주는 대신 준비물을 가방에 넣어 주세요. 걱정하지 마세요. 결국 아이는 스스로 준비물을 챙기게 될 것입니다.

108 현명하게 대처하는 동시에 자녀를 주의 깊게 지켜보십시오. ADHD 아동들은 거의 지속적인 감독을 필요로 합니다. 그렇지 않으면 빈번히 문제가 생기거나 위험한 상황에 처하게 됩니다.

109 당신은 자녀가 무엇을 하고 있는지 항상 알고 있어야 합니다. ADHD 아동은 상황 판단력이 낮아 위험이나 문제를 예측하기 어렵기 때문에 당신이 예측해 주어야 합니다.

110 자녀와 같은 방에 있지 않을 때는 휴대전화 알람이 15분마다 울리도록 설정하여 자녀를 확인하십시오.

111 규칙 공책을 만들어 자녀와 함께 규칙을 하나씩 적어 두세요. 각 페이지별로 취침, 컴퓨터 사용, 전자기기 사용, 공격성, 집안일, 숙제 등 행동 규칙을 분류하여 적으십시오. 규칙이 준수되었을 때 또는 규칙이 깨졌을 때 어떤 일이 발생하는지도 내용에 포함하십시오.

112 규칙은 당신이 강화할 수 있는 현실적인 수로 제한하십시오. 그렇지 않으면 당신은 자녀에게 규칙이 많아도 몇 가지 규칙만 따르면 된다고 가르치는 것과 같습니다.

113 모든 규칙에 일관된 비중을 두고 시행하십시오. 그렇지 않으면 당신은 자녀가 규칙을 어기는 것에 대한 결과가 좋은지 나쁜지 모험을 하도록 유도하게 됩니다.

114 자녀가 규칙을 위반할 때는 비판적인 지적이든 차분한 대화이든 어떠한 형태라도 행동에 대한 결과가 꼭 따라야 합니다. 규칙 위반을 무시해 버리는 것은 일부 규칙은 때때로 위반해도 괜찮다는 메시지를 보냅니다.

115 당신이 너무 피곤하거나, 바쁘거나, 그 어떤 다른 이유로 모든 규칙을 시행하기 어려울 경우 시행해야 할 규칙의 수를 제한하십시오. 어느 부모도 모든 규칙을 시행할 수 없으므로 우선 가장 중요한 규칙에 집중하고 다른 규칙들은 시행할 수 있을 때까지 잠시 접어 두세요.

116 필요에 따라 규칙을 수정하십시오. ADHD 아동은 빠르게 변화하므로 규칙이 자녀의 변화를 따라 주어야 합니다.

117 성가시지만 규칙을 위반하지 않는 사소한 행동은 무시하십시오. 흥얼거리거나 다리를 떨고 연필로 톡톡톡 두드리는 등의 동작은 무시하는 것이 가

장 좋습니다. 이러한 동작들은 어차피 막을 수 없으니 최대한 무시하십시오.

118 사회의 규칙과 법을 잘 따르는 모범을 보여 주세요. 당신의 행동은 말보다 더 큰 교육이 됩니다. 올바른 행동으로 모범을 보이면 자녀도 똑같이 행동할 것입니다.

119 자녀의 행동을 일지나 도표로 기록하십시오. 정확한 데이터를 보관하지 않으면 가정교육의 변화가 자녀의 행동에 변화를 일으키는지 평가하기 어렵습니다. 자녀의 행동에 대해 당신의 기억과 감정에 의존하는 것은 행동 관리를 실패하는 확실한 방법입니다.

120 자녀의 행동을 표로 작성하면 긍정적 행동 변화와 부정적 행동 변화의 패턴을 파악하는 데 도움이 됩니다. 어떤 팁을 사용했는지, 언제 어디서 사용했는지, 누가 관여했는지, 그리고 자녀의 반응을 표에 기록하십시오. 팁을 조금이라도 변형하였다면 그 내용도 기록하십시오.

121 자녀가 어떠한 행동을 성공적으로 수행하면 너무 빨리 다음 단계로 이동하지 말고 잠시 머무르며 성취감을 누리도록 해 주세요. 몇 주 정도 지나고 나면 기대치를 올려 보세요.

122 자녀에 대한 기대치는 작은 단위에서 시작하여 차츰 높여 나가십시오. 자녀가 자신의 발전에 대한 자부심을 빼앗기고 당신을 절대 기쁘게 해

줄 수 없다는 절망에 빠지지 않도록 자녀가 당신의 기대를 충족시키기를 너무 간절히 바라지는 마십시오.

123 특정 문제행동이 계속 반복된다면 그 이유를 찾으셔야 합니다. 기능적 행동 분석은 행동의 목적을 분석하여 해결 방법을 찾아냅니다. 문제행동이 언제, 어디서, 어떻게 발생하는지와 그 후에 일어나는 일에 대하여 일지에 기록하십시오. 기록이 축적되면 행동의 원인을 밝힐 수도 있습니다. 만약 자녀가 매일 밤 취침 시간에 투정을 부린다면 투정의 결과는 무엇입니까? 순순히 잠자리에 들면 얻을 수 없고 투정을 부리면 얻을 수 있는 것은 무엇입니까? 단순히 15분 늦게 취침하는 것이면 취침 시간을 15분 뒤로 변경하면 투정을 멈출 수도 있습니다. 투정을 부리는 것이 당신과 함께 눕는 것을 얻게 한다면 투정을 부리기 전에 함께 누워 투정 없이 잠드는지를 관찰해 보세요.

분노조절을 위한 팁

분노조절의 어려움은 ADHD에서 흔한 일입니다. 특히 자녀의 분노가 자신이 원하는 것을 얻기 위해 당신을 조종하려는 행동이라고 믿는다면 자녀와의 권력 투쟁에 쉽게 얽히게 됩니다. 자녀가 분노를 터트리거나 과도한 투정을 부리는 것이면 당신을 조종하기 위한 의도적 행동으로 보일 수 있으나, 이는 최근 연구에 따르면 ADHD 아동들과 청소년들의 변연계(인간의 기본적인 감정·욕구 등을 관장하는 뇌신경계)의 발달이 지연되어 있기 때문이라고 제시합니다. 자녀의 미성숙한 뇌 발달은 결과적으로 미성숙한 감정적 반응으로 연결됩니다. 또한 폭발적인 분노나 공격성, 투정 등은 연구자들의 이론에 의하면 충동에 대한 행동을 막는 뇌의 일부인 전두엽의 미숙한 발달에 의한 것입니다. ADHD 아동들의 분노 스위치는 너무 쉽게 켜지고 매우 어렵게 꺼집니다. 불만에 지나치게 반응하고 분노를 유발하는 감정과 충동을 조절하는 데 큰 어려움이 있습니다. 분노 폭발이 의도적이지 않다는 것을 이해하면 당신은 침착하고 이성적으로 다음 팁들을 사용하여 자녀가 자신의 분노를 적절한 방법으로 관리하도록 할 수 있습니다.

124 예방은 자녀가 분노를 조절하도록 돕는 첫 번째 도구입니다. 일상과 가정생활을 되도록 구조화하여 분노를 유발하는 요소를 예방하십시오.

125 ADHD 아동은 불과 몇 초만에 가벼운 좌절에서 격렬한 폭발로 분노가 상승합니다. 당신은 마음을 가다듬고 자녀의 분노가 자신의 분노가 아니라는 사실을 스스로 상기시켜 자녀가 화가 났다는 이유만으로 화를 내지 마십시오.

126 자녀를 면밀히 모니터링하여 분노 폭발 직전 징후가 보이면 문제요인을 줄이거나 없애고 예방할 수 있도록 하십시오.

127 자녀의 분노가 표면으로 드러나기 전에 알아차리도록 노력하십시오. 자녀의 분노는 당신이 어떠한 반응을 하기 전에 깊은 심호흡을 해야 한다는 신호로 사용하십시오. 이 방법은 합리적이고 차분한 대처법에 대해 생각할 시간을 줄 것입니다.

128 당신의 분노와 자녀의 분노는 얽혀 있는 경우가 많습니다. 당신이 화를 내면 자녀는 반드시 화를 낼 것이란 걸 알고 있어야 합니다.

129 ADHD 아동은 부모의 분노에 매우 민감합니다. 자녀가 당신의 분노보다는 말을 들을 수 있도록 목소리와 볼륨을 조절하십시오.

130 당신이 스스로 언어와 행동에 대한 통제력을 잃을 수 있는 위기라 느껴지면 자신에게 시간을 주어 마음을 가다듬고 차분해진 뒤에 돌아와 자녀를 대하십시오.

131 당신이 너무 화가 나서 자녀의 잘못을 깨우쳐 주기에 적합하지 않다고 판단되면 대화를 잠시 미루고 처벌이 아닌 도움을 주는 사람이 되십시오.

132 당신에게 자녀양육의 어려움에 대해 이야기할 수 있는 상대가 있다면 건강한 방법으로 분노를 해소하여 자녀를 향한 분노 표출을 줄일 수 있습니다.

133 건강한 방법으로 화내는 법을 배우는 것은 누구에게도 자연스럽게 일어나지 않습니다. 자녀에게 구체적인 분노 관리 기술을 가르쳐야 합니다.

134 당신의 분노 관리 기술 목록을 만들어 보세요. 아이가 당신의 행동을 따라 해서 화가 났을 때 당신은 어떻게 하나요?

135 다양한 분노 관리 기술을 익혀 분노를 통제하십시오.

136 당신이 화가 났을 때는 자신을 진정시키기 위해 어떤 기술을 사용하는지 자녀에게 알려 주십시오. "지금은 너무 화가 나 고운 말로 이야기할 수 없을 것 같아서 좋은 말이 생각날 때까지 심호흡을 할 거야." "지금은 정말 화가 나서 뜨거운 물로 목욕을 하며 진정하려고 해."

137 자녀에게 모든 사람이 분노를 느낀다는 사실과 그것은 매우 정상적인 삶의 일부임을 알게 하십시오.

138 자녀에게 분노에서 도망쳐야 하는 것이 아니라 경험해야 하는 것임을 꼭 알리십시오. 분노는 해소되어야지 억누르면 안 됩니다.

139 화가 나면 세 번의 심호흡을 하도록 자녀에게 가르치십시오. 말로 표현하고 행동을 제어할 수 있을 때까지 필요에 따라 반복하십시오.

140 자녀가 농구대 맞추기, 달리기, 줄넘기, 찰흙 던지기, 베개 치기 등 신체적 활동을 통해 분노를 해결하도록 격려하십시오.

141 자녀에게 화가 나는 생각과 느낌을 글쓰기로 표현하는 방법을 보여 주십시오. 감정이 상하는 사람이 생기지 않도록 편지를 다른 사람에게 보내지 않도록 가르쳐 주세요.

142 당신과 자녀가 서로 주고받을 수 있는 분노 일기 쓰기를 시작해 보십

142. 화가 난 상황과 가능한 해결책을 차례대로
서로에게 쓸 수 있는 분노일기 쓰기를 시작해 보십시오.

시오. 화가 난 상황과 가능한 해결책을 차례대로 서로에게 쓸 수 있습니다.

143 자녀가 화를 내면 수를 거꾸로 큰 소리로 세어 보라고 하십시오. 이 방법은 화나는 생각을 방해하고 정신적인 노력이 들게 하여 분노를 감소시켜 줍니다.

144 자녀가 화를 내면 적극적으로 귀를 기울이십시오. 인내심을 갖고 자녀가 불만과 좌절을 터뜨리게 해 주세요. 적극적인 경청이란 말을 방해하거나 무슨 말을 해 줄지 생각하지 않고 진정으로 귀를 기울이는 것을 의미합니다. 더 많이 듣고 더 적게 말하면 왜 화를 내는지 알게 될 것입니다.

145 자녀가 분노를 말로 표현할 때 자녀가 표현한 것과 같은 내용으로 반영함으로써 진정시켜 주세요. "너무 불공평해!"라고 소리를 지르면 당신이 공정한 이유를 설명하거나 늘 하던 대로 "인생은 항상 공정하지 않다."라고 대꾸하고 싶은 유혹을 떨치세요. 대신 자녀가 말한 것을 고쳐서 다시 말해 주세요. "내가 파자마 파티에 보내 주지 않아서 화가 났구나." 이 방법은 당신이 자녀가 화난 원인에 귀를 기울였다는 것을 보여 줍니다.

146 자녀가 느끼는 감정에 대해 공감을 사용하여 이해하고 있음을 알려 주세요. 공감의 언어로 다가가면 당신이 그 감정의 이유를 알고 있다는 것을 전달할 수 있습니다. 반드시 자녀의 감정에 동의한다는 의미는 아니지만 "지금 네가 왜 그렇게 화가 났는지 이해할 수 있어."라는 표현입니다.

147 조직적인 해결책을 사용하여 자녀 분노의 원인을 해결하십시오. 경청하고 반영하고 공감한 후에는 자녀가 해결책을 제안하도록 참여시키십시오. 자녀가 해결책으로 여기는 것을 알고자 하는 진정한 열망은 당신이 자녀와 함께 상황을 해결하고 문제가 되풀이되는 것을 막기 위해 함께 노력하고 싶다는 것을 자녀에게 알려 줍니다. 자녀에게 물어보기 좋은 첫 질문은 "네 생각에는 이 일이 다시는 일어나지 않게 하려면 우리가 어떻게 해야 할까?"입니다.

148 자녀가 자신을 화나게 만든 문제에 대한 해결책을 제시할 때 가능 여부와 관계없이 긍정적인 태도로 대응하여 자녀가 계속해서 당신과 함께 해결책을 찾도록 하십시오. "너의 가방을 내가 확인하지 않고 네가 혼자 관리했으면 좋겠구나? 우리가 함께 의논해 볼 만한 주제네."

149 자녀가 전혀 가능성이 없는 해결방법을 제시할 때 자녀에게 왜 절대 가능성이 없는지, 어떻게 지난번에는 실패했는지, 그리고 그 약속을 지킬 능력이 없다는 것을 알려 주고 싶은 충동을 견디셔야 합니다. 당신은 자녀가 스스로 문제를 해결하고 해결책을 생각하는 방법을 배우기를 원합니다. 자녀의 제안을 해결책으로 고려하여 경청하고 인정해 주면 당신이 자녀의 의견을 존중하고 무조건 지시만 하려고 하지 않는다는 것을 알려 주게 됩니다.

150 당신의 제안을 여러 방법 중 하나로 제시한 뒤 그 이유를 설명하십

시오. "네 제안을 생각해 봤는데 내가 네 가방을 매일 확인하지 않고 격일로 확인하면 어떨까? 이렇게 하면 주 3일은 네 제안대로 네가 가방을 관리하고 난 이틀만 가방을 확인하는 거야. 우리 둘 다 네가 공부도 잘하고 숙제도 밀리지 않길 바라니까. 내가 매일 확인하다가 갑자기 전혀 확인을 하지 않으면 혹시 공부가 빠르게 뒤처질까 봐 심히 걱정된단다. 우리 함께 내가 주 2회 확인하는 것에 동의하고 공부가 잘되는지 지켜보면 어떨까? 공부가 잘되면 내가 확인하는 횟수를 줄이고, 만약 그렇지 않고 내가 도와줄 때 네가 더 잘하면 횟수를 다시 늘리기로 하면 어떨까?"

151 당신이 해결책 방식을 사용하면 자녀의 분노가 서서히 줄어들게 되고, 또한 화가 났을 때 분노를 더욱 상승시켜 당신의 관심을 끌려고 하거나, 자신의 말에 귀 기울여 달라고 요구하고, 자신이 원하는 것에 동의하게 만들 필요가 없다는 것을 자녀가 배우게 될 것입니다.

가만 있지 못하는(꼼지락거리는) 행동에 대한 팁

　잠시도 가만히 앉아 있을 수 없다는 것은 ADHD의 대표적인 증상입니다. 다리를 떨거나, 초조하게 손가락으로 톡톡 두드리고, 자리에서 끊임없이 꼼지락거리는 행동은 방해가 되고 잦은 질책의 이유가 될 수 있습니다. ADHD 아동이 왜 그렇게 움직이고 싶어 하는 강한 욕구가 있는지 우리는 모릅니다. 일부 연구자들은 그들이 신체적 감각을 느끼고 싶어 한다고 추정합니다. 다른 연구자들은 전두엽이 지속적으로 움직이는 행동에 브레이크를 거는 기능을 상실한 것이라고 추측합니다. 또는 지루함을 견디지 못하고 뇌를 자극할 필요를 느낀다고 생각합니다. 원인이 무엇이든 우리는 그것을 통제할 수 있는 방법을 찾지 못했습니다. 약물이 도움이 될 수 있지만, 약물은 문제를 치료하지 않으며 약물이 신체에 작용하는 동안만 효과가 있습니다. 지속적으로 움직이는 행동은 우리가 멈출 수 없는 장애의 일부라는 것을 이해하고 대신에 제2의 해결책을 찾아 일상생활을 방해하지 않도록 하는 것이 현재까지 최선의 접근입니다.

152 꼼지락거리는 것이 나쁜 것은 아니라는 것을 이해하십시오. 물론 성가실 수 있습니다. 하지만 나쁘지는 않습니다.

153 일부 연구에 따르면 아이들이 움직일 때 실제로 집중력이 더 좋아질 수 있다고 제시합니다.

154 꼼지락거리기를 중지할 필요가 없음을 인정하십시오. 약물로 없애 버릴 필요도 없습니다. 자녀를 그대로 내버려 두어도 심각한 문제가 발생하지 않습니다.

155 자녀가 꼼지락거리도록 허용하십시오. 당신이 중지할 수 없으므로 가능한 한 최선을 다해서 무시하십시오.

156 자녀가 꼼지락거리는 것을 멈추게 하는 것은 끝이 없고 불가능한 문제라는 것을 이해하십시오. 잠시 멈출 수도 있지만 곧 다시 시작할 것입니다. 멈출 수 없는 것을 막으려고 얼마나 많은 시간을 할애하고 싶습니까?

157 자녀에게 꼼지락거리는 것을 중지하라고 지시하기 전에 꼭 멈추어야 하는지 스스로에게 물어보십시오. 그냥 자녀가 흡족할 때까지 꼼지락거리도록 허락하면 무슨 일이 일어날까요?

158 자녀가 꼼지락거리는 것을 성가시게 느끼지 않도록 노력하십시오. 혼

153. 아이들은 움직일 때 집중력이 더 좋아진다고 합니다.

자 있을 때 꼼지락거리는 것은 실제로 아이에게 문제가 아닙니다. 가장 큰 문제는 어른들을 성가시게 하는 것입니다.

159 자녀가 꼼지락거리는 것과 그것에 대한 당신의 반응을 관찰하십시오. 당신이 그것을 멈추게 하려고 할 때 문제가 시작되지 않나요? 만약 그렇다면 그만하라고 지시하는 것을 멈추고 자녀가 꼼지락거리도록 그냥 두세요.

160 자녀에게 피젯 장난감(역자 주-손에 잡고 만지작거릴 수 있는 장난감)을 제공하십시오. 많은 어른이 읽고, 일하고, 말하는 동안 펜을 들고 있는 것처럼 아이들은 손에 무언가를 들고 싶어 합니다.

161 스펀지 공은 아이가 물건을 주무르며 신체적 자극에 대한 욕구를 조용히 충족시킬 수 있게 합니다.

162 고무 팔찌(많은 자선 단체의 판촉물로 인기 있는 종류)는 훌륭하고 내구성이 좋은, 그리고 아무도 방해하지 않는 피젯 장난감입니다.

163 자녀가 꼼지락거리기를 통해 진정될 수 있으며, 일부 아이들은 반복적이고 리듬감 있는 움직임을 수단으로 침착함을 유지할 수 있다는 것을 인지하셔야 합니다.

164 아이들이 몸을 움직이면서는 배울 수 없다는 가설은 잊으십시오. 단순히 말해 사실이 아닙니다. 실제로 신체 활동이 학습을 향상시킨다는 견해가 증가하고 있습니다.

165 꼼지락거리기, 흔들거리기, 발 두드리기, 심지어 껌 씹기가 집중력을 증가시키는 것으로 밝혀졌습니다.

166 커다란 짐볼은 움직이고 싶어 하는 아이들이 오래 앉도록 도울 수 있습니다. 그들은 짐볼에 앉아 다른 사람을 방해하지 않고 흔들고 꿈틀댈 수 있습니다.

167 빈백의자(역자 주 - 커다란 부대 같은 천 안에 콩 모양의 작은 플라스틱 조각들로 채워 의자처럼 쓰는 것)에 앉으면 꿈틀거리고 흔드는 것과 자리에서 일어나려는 욕구를 줄일 수 있습니다.

168 생각하거나, 암송하고, 질문에 대답하는 동안 자녀에게 속도를 맞춰주면 더 잘 생각할 수 있습니다.

169 줄넘기 또는 공 튕기기를 하면서 암송하면 철자나 구구단 같은 것을 외우는 능력이 향상됩니다.

170 책상 앞에 서서 과제를 하는 것이 일부 아이들에게는 집중력과 인내

심을 발휘하는 데 도움이 됩니다.

171 흔들의자는 집중력을 돕는 리듬감 있는 신체 활동을 제공합니다.

172 낙서는 불필요한 움직임과 꼼지락거림을 줄일 수 있습니다.

173 자녀의 교사에게 자녀가 수업 중에 자주 징계 또는 지적을 받지 않도록 꼼지락거리는 것을 무시해 달라고 협조를 구하십시오.

174 자녀의 교사에게 자녀의 책상에 피젯 장난감을 둘 수 있도록 허락을 구하십시오.

175 자녀가 꼼지락거릴 가능성이 높은 상황에 피젯 장난감을 제공하십시오. 꼼지락거릴 가능성이 높은 상황은 학교, 교회, 식당과 숙제하는 시간 등을 포함하고 있습니다.

주의집중을 위한 팁

　주의집중의 어려움은 ADHD 진단을 받기에 필요한 증상 중 하나입니다. 집중력 문제는 집중력 부진, 과제 수행 지속력 부진 및 방해 요소 차단 부진과 동반됩니다. ADHD 아동은 수업 중, 숙제를 하는 중, 부모님과 대화할 때 등 언제든 원하지 않는 활동을 할 때 집중에 어려움을 보입니다. 그러나 텔레비전, 컴퓨터 또는 비디오게임 등을 앞에 두면 갑자기 그들은 몇 시간 동안 지속되는 완벽한 집중력을 보여 주지요. 이런 증상은 부모에게 가장 절망스러우면서 손조차 댈 수 없는 어려움으로 느껴집니다. 학자들은 원인을 밝히지 못했지만 ADHD 아동의 두뇌의 무엇인가가 관심을 끌기 위해서는 일반적인 경우보다 높은 보상과 자극을 필요로 한다고 제안합니다. 지루한 활동은 두뇌가 나른하고, 느리고, 산만하게 만듭니다. 우리는 그들의 두뇌를 다르게 다시 만들 수는 없지만 다음 13가지 팁을 사용하면 더 자주 그리고 더 오랫동안 자녀가 집중하게 할 수 있습니다.

176 귀마개 또는 특정 소리(기계 소리 또는 부드럽고 잔잔한 반복적인 리듬과 비트의 가사가 없는 음악)를 사용하여 방해가 되는 주변 소음을 차단하고 자녀의 집중력을 높여 주십시오.

177 ADHD 아동들에게 집중해야 하는 것은 고문처럼 느껴질 수 있습니다. 어떤 아이들은 오히려 2시간 동안 생각하는 의자에 앉아 있는 것을 15분 동안 집중하여 과제를 하는 것보다 더 선호합니다. 집중하기 위해 필요한 정신적 노력을 그들은 너무나 힘들게 느낄 수 있습니다.

178 자녀가 지루하고 어렵다고 느끼는 것에 집중하는 것을 얼마만큼 두려워하는지를 아는 만큼, 그것을 재미있게 만들어 주거나 최소한 그것을 완료하였을 때 신나는 보상을 제공해 주어야 합니다.

179 자녀가 숙제를 할 때 5분마다 타이머를 울리도록 설정해 두면 집중하도록 상기시켜 도움이 됩니다.

180 과제를 할 때 부드러운 신체적 신호를 사용하여 자녀가 다시 집중하도록 하십시오. 연필로 공책을 톡톡 치거나 아이의 어깨에 손만 올려 놓아도 신호가 될 수 있습니다.

181 단시간 내에 집중한 후 짧은 휴식은 숙제의 스트레스를 완화시킬 수 있습니다. 15분의 과제 수행 후 1분의 휴식 시간을 갖는 것을 시작으로 필

요에 따라 시간을 조절하십시오.

182 위치 표시를 사용하여 자녀가 책이나 문서에서 읽어야 하는 부분에 집중할 수 있도록 하십시오.

183 자녀가 공부할 때 형광펜 사용, 암기 카드 만들기, 핵심 단어 밑줄 긋기, 또는 방금 읽은 내용을 알려 주는 등의 신체 활동을 하게 하십시오. 행동 중심의 학습 기술을 사용하면 집중력이 높아집니다.

184 자녀가 숙제를 하는 동안 함께 앉아 있으면 과제를 계속 수행하도록 할 수 있습니다.

185 방해 요소를 줄이고 자녀가 작업하기에 조용한 환경을 조성하십시오. TV는 끄고, 형제들을 조용히 시키고, 음악은 끄거나 소리를 낮춰 주세요.

186 시각적 방해가 적은 학습 공간을 선택하십시오. 블라인드를 닫고, 개는 눕히거나 다른 방으로 보내고, 숙제와 관련이 없는 것들은 테이블에서 제거하십시오.

187 파일 폴더로 읽기 창을 만들어 주세요. 2~3줄이 보일 정도로 큰 사각형 구멍을 만들고 나머지 내용은 모두 가리도록 만들어 줍니다. 이것은 시

각적 방해 요소를 제거하는 데 도움이 됩니다.

188 메트로놈(metronome)은 조용하고 리듬감 있는 소리를 제공하기 때문에 일부 아동의 집중력을 높이는 것으로 밝혀졌습니다.

건망증에 대한 팁

건망증은 ADHD의 또 다른 대표적인 증상이며 매일 여러 번 일상 생활을 방해합니다. 자녀가 양치하러 화장실에 가는 도중에 어디로 왜 가야 하는지를 잊을 수 있습니다. 반항처럼 보이지만, 건망증 때문일 가능성이 높습니다. 뇌의 기억기능에 어떤 문제가 있는지 알지 못하지만 ADHD 아동은 생각을 붙들고 있기가 매우 어렵습니다. ADHD 아동은 듣는 것은 왠지 기억에서 즉각적으로 사라져 결코 단기기억으로 만들어지지 않습니다. 의도하지는 않았지만 한쪽 귀로 들어오고 다른 쪽 귀로 나갑니다. 다음 34가지 팁은 건망증에 도움이 되는 방법으로 자녀가 하루를 지내는 데 도움이 될 것입니다.

189 ADHD 아동은 무슨 일을 해야 하는지, 어떻게 하는지, 언제 왜 하는지, 기억하는 것이 정말로 어렵다는 것을 깨달아야 합니다.

190 건망증은 ADHD의 증상이며 의도적 불순종이 아니라는 점을 스스로 상기하십시오. 불순종은 건망증과는 매우 다른 명백하고 의도적인 거부의 표현입니다.

191 ADHD 아동들은 일과와 맡겨진 과제 그리고 규칙이 장기기억에 저장되어 있을 수 있지만 그것에 접근하여 장기기억을 즉시 꺼내 사용하려고 하는 것을 두뇌 기능이 허락하지 않을 때도 있다고 이해하면 당신은 자녀에게 좀 더 인내할 수 있습니다. 자녀가 장기기억을 저장소에서 꺼내어 현재 사용할 수 있도록 도와야 합니다.

192 '작업기억'이라는 용어를 외우십시오. 이것은 우리가 듣고 있는 것을 마음속에 저장하려고 할 때 사용하는 기억의 일부분입니다.

193 ADHD 아동은 '작업기억' 능력이 매우 떨어져 있음을 알아 두세요. 그들은 '작업기억'에 아주 적은 정보만 보유할 수 있습니다.

194 한 번에 한 가지의 지시나 말로 명령하십시오. 첫 번째 지시나 명령이 완료될 때까지 다른 지시나 명령을 하지 마십시오.

195 여러 가지 지시문이나 명령을 하게 되면 아동이 모든 것을 잊어버려 지시에 따르지 않는 것으로 보일 수 있습니다.

196 자녀가 자주 순종하지 않는다고 느껴지는 경우 당신이 자녀에게 지시하는 방법에 주목하십시오. 한 번에 너무 많은 지시와 너무 많은 정보를 제공하지는 않는지 확인하십시오.

197 자녀에게 지시할 때 지시를 다시 따라 하도록 요청하십시오. 이것은 자녀가 그것을 정확하게 들었음을 확실히 하고 지시를 소리 내어 말하면서 자신이 말하는 것을 듣고 지시를 암기하도록 도와줍니다.

198 자녀에게 받은 지시를 계속해서 소리 내어 말하는 '자기 대화(self - talk)'를 사용하도록 가르치십시오. 이것은 자녀가 해야 할 일을 기억하는 능력을 향상시킬 것입니다.

199 시각적 신호를 가능한 한 자주 사용하십시오. ADHD 아동은 시각적 단서가 있을 때 훨씬 잘 기억합니다. "말해 주면 잊어요. 보여 주면 기억나요." 이 주문을 기억하십시오.

200 자녀가 과제를 완수할 수 있도록 메모지로 할 일 카드를 만드십시오. 자녀에게 한 가지 할 일이 적혀 있는 한 장의 카드를 주고 그 일이 끝나면 다시 가져오라고 지시하십시오. 그런 다음 그에게 다음 과제 카드를 주십시오.

201 할 일 카드는 '양치질하기' '잠옷 갈아입기' '책가방 문 앞에 두기'와 같

이 수행해야 할 작업만을 나타내는 간단한 문구입니다.

202 그림으로 표현된 작업 카드는 시각적 단서를 제공하기 때문에 글로 표현된 작업 카드보다 따르기 쉬워서 사용하기에 좋습니다. 연령에 맞는 사진을 선택하고 자녀가 성장함에 따라 변경하십시오.

203 자녀가 한 가지 일을 마친 후에는 반드시 칭찬하십시오.

204 자녀가 보상이나 특권을 얻기 위해 토큰경제 및 점수 제도를 사용하는 경우에는 다음 수행할 과제를 지시하기 전에 토큰 및 점수를 제공하십시오.

205 자녀가 수행 방법을 잊어버릴 만한 작업에 대해 개별 작업 카드를 만드십시오. 카드에는 단계별 지침을 작성하십시오.

206 자녀에게 해야 할 일과 순서를 알려 주기 위해 매일 할 일 목록을 만드십시오.

207 많은 아동의 일정이 매일 동일하기 때문에 컴퓨터에 할 일 목록을 만들어 두면 필요에 따라 수정할 수 있습니다.

208 어린 자녀들을 위한 '할 일 목록'은 각자 해야 할 일을 보여 주는 그림

이 있을 때 효율적입니다. 사진을 잡지에서 자르거나 인터넷에서 가져올 수 있고, 또는 작업을 수행하는 자녀의 사진을 사용할 수도 있습니다.

209 연령에 적합하게 할 일 목록을 만드십시오. 어린아이들은 화려한 그림과 글자로 된 큰 포스터 보드를 좋아할 수 있습니다. 십 대들은 일반 용지에 간단한 서식의 목록을 원할 것입니다.

210 ADHD 아동은 말로 지시한 것보다 글로 지시한 사항을 따르기가 더 쉽습니다. ADHD 아동은 방금 들은 내용을 잊어버리기 쉽습니다. 하지만 내용을 다시 읽으면 기억이 되살아납니다.

211 자녀가 각 작업을 마치면 직접 목록에서 지우도록 해 주십시오. 목록에서 하나씩 지울 때마다 자신에 대한 통제감과 독립성 그리고 성취감을 줍니다.

212 자녀에게 잔소리하는 대신 "할 일 목록을 확인해 보도록 하렴. 다음에 무엇을 해야 하는지 모르겠으면 나에게 와서 물어보렴."이라고 하십시오.

213 매일 당신의 할 일 목록을 작성하고 당신이 그 목록을 활용하는 것을 자녀에게 보여 주세요. 당신이 하는 것을 보면 자녀도 목록을 사용할 가능성이 더 높아집니다.

211. 자녀가 작업을 마칠 때마다 직접 한 일을 목록에서 지우도록 하세요.

목록에서 지울 때마다 자신에 대한 통제감, 독립성, 성취감을 느낄 것입니다.

214 자녀가 같은 규칙을 반복적으로 위반하는 것을 줄이려면 쉽게 볼 수 있는 곳에 규칙표를 게시해 두세요. 많은 교사가 교실에 규칙표를 게시하는데, 이 전략은 가정에서도 효과가 있습니다.

215 건망증의 세계에서 전자기기는 당신의 친구가 됩니다. 적절한 연령이라면 자녀가 휴대전화를 사용하여 과제를 할 시간에 알람을 설정하도록 도와주세요.

216 알람 기능이 있는 전자시계는 휴대전화를 사용하기에는 어린 자녀를 위한 작업 알림에 사용할 수 있습니다.

217 우리 모두가 때때로 기억력에 약간의 어려움이 있음을 인정하고 자녀의 건망증을 공감해 주십시오.

218 자녀가 할 일이 있을 때 자녀에게 문자를 보내는 등 당신의 휴대전화를 적절히 사용하십시오. 또한 자녀가 과제를 끝냈을 때 문자를 보내 달라고 요청하십시오.

219 자녀가 휴대전화를 사용하여 숙제를 이메일이나 문자로 자신에게 보내게 하십시오. 하지만 꼭 선생님께 허락을 받아야 합니다.

220 자녀가 휴대전화의 음성메모 기능을 사용하여 숙제를 녹음하게 하

십시오. 하지만 꼭 선생님께 허락을 받아야 합니다.

221 준비물 점검표는 건망증을 예방합니다. 점심, 책가방, 스포츠 장비 등을 위한 점검표를 만들어 컴퓨터에 보관하고 필요에 따라 인쇄하여 사용하십시오.

222 자녀가 자주 사용하는 할 일 목록과 준비물 점검표를 코팅해 주세요. 지워지는 수성펜을 사용하여 목록에 표시하고 확인하도록 해 주세요.

방해하는 행동에 대한 팁

　너무 많이 말하는 것, 다른 사람이 이야기하는 도중에 말하는 것, 대화에 불쑥 끼어드는 것, 수업 시간에 답을 말해 버리는 것 등은 모두 ADHD의 증상입니다. 이 모두가 ADHD 아동이 스스로 통제하거나 부모가 관리하기 매우 어려운 충동성 증상입니다. ADHD 아동은 생각하는 것과 말하는 것 사이에 정지 신호가 없는 것처럼 보입니다. 일부 이유는 뇌의 억제능력 발달이 부진하여 자신을 멈출 수 없고 자신이 생각하는 것을 꼭 말해야 한다고 느끼기 때문인 것 같습니다. 또 다른 이유는 ADHD를 가진 사람들은 '작업기억'이 부족하여 말하고 싶은 것을 잊기 전 단 몇 초간도 생각을 담아 둘 수 없기 때문일 수 있습니다. 이러한 경험은 큰 좌절로 이어지고, 불행한 결과이지만 아이는 중간에 끼어들어 말하는 것만이 유일하게 자신의 생각을 표현할 수 있는 방법이라는 결론을 내립니다. 여기에 약간의 감정적 미숙함과 자기중심성이 더해지면 아이는 자신이 말하고자 하는 것이 매우 중요하여 기다리다가 하고 싶은 말을 잊어버리게 되는 것은 큰일이라고 확신하게 되어 다른 사

02 일반적인 ADHD 행동

람의 대화를 계속 방해하게 됩니다.

223 갑작스럽게 끼어드는 행동은 ADHD가 갖는 충동성의 일부입니다. 그것이 만성 증상임을 이해하면 자녀를 더 잘 인내해 줄 수 있습니다.

224 갑작스럽게 끼어드는 자녀의 행동 문제가 당신의 예상보다 더 오랜 시간 지속될 수 있다는 것을 예상하십시오. 끼어드는 행동은 가장 변화하기 힘든 증상 중 하나일 수 있으며, ADHD를 가진 많은 성인도 여전히 자제하려고 힘겹게 노력하고 있습니다.

225 다른 사람과 대화 중 자녀가 당신에게 무언가를 말하고 싶을 때 사용할 수 있는 신호를 만드십시오. 그리고 머리를 끄덕이거나 자녀와 같은 신호로 자녀의 신호를 인지하였음을 알려 주세요. 그렇지 않으면 아마도 당신을 계속 방해할 것입니다.

226 자녀가 말을 하고 싶을 때 당신의 팔을 가볍게 만지도록 가르쳐 주십시오. 당신은 요청을 인지하였다는 뜻으로 똑같이 자녀의 팔을 살짝 만져 줄 수도 있고, 자녀를 진정시키고 자녀가 할 말이 있다는 사실을 잊지 않고 있다는 표시로 자녀의 어깨에 손을 올려 둘 수도 있습니다.

227 자녀가 당신의 응답을 오래 기다리지 않으면 끼어드는 행동을 하지

않도록 가르치는 것에 더 잘 반응할 것입니다. ADHD 아동은 시간 감각이 매우 부족하므로 몇 초 정도의 기다림도 몇 분처럼 여겨질 수 있습니다. 자녀가 더 오래 기다렸다고 느낄수록 더 참을성을 잃고 좌절하게 될 것입니다. 자녀가 몇 초를 기다릴 수 있게 발전하면 아주 천천히 자녀가 기다리는 시간을 늘려 주세요.

228 자녀와 대화할 때 물건을 사용하여 주고받도록 하십시오. 그 물건을 들고 있는 사람만 대화할 수 있습니다. 많은 아동이 장난감 마이크에 잘 반응합니다.

229 자녀가 끼어들고 싶은 의욕을 억누를 때 칭찬해 주세요. 칭찬은 구체적이어야 합니다. "네가 내 옆에 서서 내 말이 끝날 때까지 기다렸다가 이야기해서 난 정말 좋았어."

230 자녀가 끼어드는 행동을 하지 않고 있음이 확인될 때 보상해 주세요. "네가 말할 차례를 잘 기다려 줘서 너에게 다섯 개의 토큰(역자 주-칭찬 스티커처럼 긍정적인 행동을 주는 스티커나 코인 등)이나 점수를 주는 거야."라고 바로 알려 주세요.

231 자녀에게 비상시에는 끼어들거나 방해해도 괜찮다고 가르치십시오. 화재라든지, 누가 부상을 당하는 경우, 또는 개가 마당에서 탈출하는 등 비상사태가 무엇인지 정의해 주십시오.

232 당신이 대화하는 중에 자녀가 끼어들려고 할 때 "잠시만요." 혹은 "죄송합니다."라고 말하도록 하십시오.

233 자녀가 "잠시만요."(죄송합니다.)라고 말한 다음 기다리지 않고 바로 하고 싶은 말을 할 것을 예상하셔야 합니다. "잠시만요."(죄송합니다.)는 계속 말을 할 수 있다는 뜻이 아니고 당신이 말을 해도 된다고 할 때까지 기다려야 하는 것이라고 가르쳐 주세요.

03

행복한 가정생활을 위한 팁

—

집안일에 대한 팁

식사 관련 팁

정리정돈에 대한 팁

형제자매 간 경쟁에 대한 팁

학습에 대한 팁

전자기기 이용에 대한 팁

수면을 위한 팁

집안일에 대한 팁

집안일을 좋아하는 아동은 거의 없습니다. ADHD 아동은 특히 흥분과 재미를 제공하지 않는 모든 일에 저항하고 싫어합니다. 집안일에 대한 다툼은 ADHD 아동이 있는 가정에서 일반적으로 발생하지만, 반드시 그래야 하는 것은 아닙니다. ADHD 아동은 주의력에 제한이 있고, 지루함에 대한 인내력이 부족하며, 보상에 대한 욕구가 높다는 것을 이해하면 집안일을 완료하기 위한 완벽한 공식을 제공할 수 있을 것입니다. 집안일은 짧아야 하고, 한 번에 하나씩 해야 하며 즉시 보상이 제공되어야 합니다. 다음 40가지 팁을 따르면 집안일을 하는 시간이 확실히 더 쉽게 느껴질 것입니다.

234 대부분의 아이는 집안일을 하기 싫어하므로 자녀가 불평 없이 집안일을 할 것이라는 기대를 버려야 합니다.

235 자녀가 집안일을 완수하였을 때 토큰 및 점수를 획득하면 집안일을 더 잘 준수합니다. 토큰 및 점수는 나중에 상이나 특권으로 교환해 줄 수 있습니다.

236 집안일을 마친 자녀에게 보상하는 것은 일이 보상으로 이어진다는 것을 가르쳐 주는 방법입니다. 우리 사회도 결국 마찬가지입니다. 일하러 가고, 급여를 받고, 급여를 보상으로 교환합니다. 집안일을 완수한 자녀에게 상을 주는 것은 뇌물이 아닙니다. 보상입니다. 고용주가 당신에게 월급으로 보상하는 것과 같습니다.

237 집안일의 목록을 표에 나열하여 각 목록에 토큰 및 점수 값을 할당하십시오.

238 어린아이들에게는 글 대신 그림을 이용하여 집안일 목록표를 만들어 주세요.

239 자녀가 쉽게 볼 수 있는 곳에 목록표를 걸어 자주 성공을 확인하도록 하십시오.

240 한 가지 집안일을 마치자마자 목록표에 점수를 쓰게 하는 등 즉각적인 보상을 통해 자기만족을 느끼게 하십시오. 어린아이들의 경우 점수 대신 별, 스마일, 또는 스티커를 붙일 수 있습니다.

241 목록표에 점수를 적는 것을 미루지 마십시오. ADHD 아동은 작업에 대한 즉각적 만족감을 얻지 못하면 쉽게 동기부여를 잃습니다.

242 자녀가 가족의 일원으로 기여하기를 원하거나 집안일을 배워야 한다는 기대를 버리십시오. 대신 가족에게 기여하는 사람들은 보상을 받고, 기여하지 않는 사람들은 보상받지 않는 가족 분위기를 조성하십시오.

243 자녀의 집안일 완수 보상에 돈을 쓸 필요는 없습니다. 컴퓨터를 하거나 TV를 보는 시간, 공원에 가거나 맛있는 간식과 같은 특권으로 교환할 수 있는 토큰 및 점수는 매우 효율적입니다.

244 자녀가 집안일을 마친 후에만 자신이 얻은 특권을 이용할수 있게 하십시오. "나중에 할게요."라는 흔한 핑계를 믿으면 안 됩니다.

245 유아기부터 자녀에게 집안일을 돕도록 가르치십시오. 장난감을 정리하는 것이 자녀가 배우는 첫 번째 과제가 될 것입니다. 장난감을 정리하도록 할 때 나타나는 강렬한 반항은 종종 ADHD의 첫 징후 중 하나입니다. 이 첫 번째 대결에서 지게 되면 자녀는 투정의 패턴을 형성하고 결과적으로 할 일에서 빠져나옵니다. 유아와 아동은 당신의 도움이 필요합니다. 유아가 명백하게 청소를 거부하면, 당신의 손을 가볍게 자녀의 손 위에 놓고 장난감을 집어 들고 치울 수 있도록 신체적으로 그를 안내합니다. 당신이 손을 대지 않아도 장난감을 집을 때까지 반복하십시오. 이것은 처벌이 아니라 그

를 도울 수 있는 방법입니다. 아이가 따르는 바로 그 순간 칭찬하십시오.

246 집안일은 연령에 따라 적절하게 주십시오. 유아는 당신의 도움을 받아 장난감을 정리하고, 5세는 당신의 감독 아래 옷을 빨래 바구니에 넣고, 7세는 당신의 안내에 따라 식탁에서 식사를 준비하고, 9세는 쓰레기를 내다 버립니다.

247 색깔 있는 메모 카드를 사용하여 카드당 한 가지의 집안일을 작성하고 자녀가 시각 자료로 사용할 수 있도록 하십시오.

248 집안일 카드를 코팅하면 계속해서 사용할 수 있습니다. 코팅 대신 지퍼백 또는 플라스틱 랩을 사용해도 카드를 손상시키지 않을 수 있습니다.

249 카드당 한 가지의 집안일을 쓰면 자녀는 목록에 압도되지 않고 한 가지 집안일에 집중할 수 있습니다.

250 카드에 집안일 사진을 붙이고 단계별 지침을 작성하십시오. 이 카드는 자녀가 참조할 수 있는 시각적 도움을 제공하여 자신의 기억에 의존할 필요가 없습니다.

251 지침은 매우 구체적으로 기재하십시오. 카드에 '방 청소'라고만 써 놓고 자녀가 할 것이라고 기대하지 마십시오. 대신 방 청소의 특정 작업을 하

나 선택하고 그 카드 하나를 자녀에게 주십시오. 방 청소 카드는 여러 개의 카드로 나누어 개별 청소 항목을 한 장당 한 가지씩 적어 주십시오. "장난 감을 모두 바구니에 넣으세요." "더러운 옷을 모두 빨래 바구니에 넣으세 요." "신발을 신발장에 넣으세요." 등 각 작업은 하나씩 카드에 적어 한 번에 한 장씩 주십시오.

252 집안일을 할 시간이 되면 자녀에게 한 번에 하나의 집안일 카드를 주고 집안일이 완료되면 당신에게 돌려 달라고 하십시오. 한 번에 한 장 이상의 카드를 주면 ADHD 아동은 자신이 완료해야 할 모든 집안일에 대한 생각만으로 버거워합니다.

253 자녀가 집안일 카드를 반환하면 완료된 집안일을 보여 달라고 하세요. 자녀에게 다음 집안일 카드를 주기 전에 칭찬하고 토큰 및 점수를 주십시오.

254 자녀가 아직 과제를 완벽하게 성공적으로 완수하지 못한 경우에도 노력을 칭찬하십시오.

255 발전을 향한 작은 발걸음을 칭찬하십시오. 심리학자들은 이것을 '연속적 접근(successive approximations)'이라고 부릅니다. 집안일을 작은 단계로 나누고 가장 작은 성공을 칭찬한 다음 천천히 요구 사항을 높이십시오. 예를 들어, 자녀가 지금 침대를 완벽하게 정리할 것을 기대하지는 않습

니다. 하지만 5세 때 침대머리에 베개를 정리해 놓을 것을 기대할 수 있습니다. 6세 때 침대보를 당겨 정리할 수 있습니다. 7세 때 시트와 담요를 정리할 수 있습니다.

256 집안일은 함께하십시오. "기쁨은 함께하면 배가 되고 슬픔은 나누면 반이 된다(역자 주 – 'misery loves company'의 한국어 표현)."라는 말은 우리가 힘들거나 싫어하는 일을 할 때 실제로 느낄 수 있습니다. 누군가와 함께 있으면 일이 더 쉬워집니다. 당신이 자녀와 함께 집안일을 하거나 적어도 그 시간에 다른 집안일을 함께하면 자녀가 더 많이 협조할 것입니다.

257 자녀에게 과제를 수행하는 방법을 보여 주고 수행하게 하고 칭찬하십시오. ADHD 아동은 언어적 지도보다 시각적으로 더 잘 배웁니다. 보여 주는 것이 말하는 것보다 낫습니다.

258 자녀가 스스로 집안일을 성공적으로 마치기를 기대하지 마십시오. 당신의 안내가 필요합니다.

259 자녀가 알려 주지 않아도 집안일을 할 것이라는 기대는 버리십시오. 그런 일은 일어나지 않을 것입니다. 당신이 시작하게 하고 완료하도록 감독해야 합니다.

260 시간이 허락될 때만 집안일을 하도록 하지 말고 미리 집안일을 하

는 시간을 정하십시오.

261 자녀에게 오늘 집안일을 할 것이라고 미리 상기시키십시오. 1시간, 30분, 10분 및 5분 등의 주기로 초읽기 알림을 제공하십시오.

262 할 일이 첫 번째이고, 놀이 시간은 두 번째입니다. 나중에 하겠다는 애원이나 간청, 약속이 있어도 이에 동의하지 마십시오.

263 "네가 식기세척기를 비우면 밖에 나가서 놀아도 돼."와 같이 "네가 ～하면 ～해도 돼."라는 문구를 사용하십시오.

264 잔소리는 잊으세요. 수행할 작업, 수행 시기 및 수행에 대한 보상을 설명하는 약속을 서면으로 작성하십시오. 집안일을 하지 않으면 보상이 제공되지 않습니다. 이 서약서를 규칙 공책에 붙이거나 게시된 규칙 목록에 추가하십시오.

265 집안일 알림은 잔소리와 다릅니다. 잔소리는 반복되고 점점 확대됩니다. 알림은 집안일 완료 전 시간에 맞추어 적절히 계획된 것입니다.

266 집안일로 자녀와 다투지 마십시오. 완성되지 않은 집안일에 대한 보상은 주지 않습니다.

267 손님이 방문할 때 방을 청소하는 것과 같이 반드시 해야 하고 지체할 수 없는 특정 집안일을 자녀가 거부하는 경우, 당신이 대신 집안일을 하고 대가로 자녀의 토큰 및 점수를 제거할 수 있습니다. 이는 자녀의 비협조적 행동에 대해 토큰 및 점수를 제거할 수 있는 매우 드문 경우입니다.

268 집안일을 하루에 한 가지 또는 두 가지 정도의 쉬운 것으로 제한하십시오. ADHD 아동들은 쉽게 압박을 느끼며, 일부 아동의 경우 너무 많은 집안일을 하게 하는 것은 마치 아슬아슬하게 쌓아 올린 돌담을 무너지게 하거나 잔뜩 부풀어 오른 풍선을 터트리는 것과 같습니다.

269 자녀에게 어떤 일을 꼭 하도록 고집하고 어떤 일은 고집할 가치가 없는지를 신중하게 선택하십시오. 자녀와 침실 청소에 대해 실랑이를 하는 대신 자녀에게 숙제와 같이 더 중요한 일을 할 시간을 갖도록 해 주는 것이 나을 수 있습니다.

270 자녀의 나이가 아니라 일상생활 기능에 따라 집안일을 선택하십시오. 아이가 아침에 일어나고 옷을 입거나 숙제를 하는 등의 기본적인 과제를 수행하는 데 어려움을 겪고 있다면, 목욕 후 수건을 걸어 두고 옷을 빨래 바구니에 넣는 것과 같은 아주 간단하고 짧은 집안일 외에는 아무것도 할 준비가 되어 있지 않을 것입니다.

271 자녀가 성공적으로 완수할 수 있다고 확신하는 집안일부터 시작하

십시오. 이것은 집안일을 하는 것에 대한 긍정적인 경험을 만들어 줄 것입니다.

272 자녀가 당신이 하는 일에 질문을 하거나 관심을 보이면 당신의 일을 돕도록 참여시켜 주세요. 많은 아이가 진공청소기 같이 시끄러운 기계를 밀어 보길 원합니다. 완벽하게 하지는 못하더라도 어쨌든 시키십시오. 나중에 언제든지 다시 수정하거나 손볼 수 있습니다.

273 설거지에 도움을 받기 위해 자녀가 요리와 제빵에도 도움을 주도록 하십시오. 재미있는 일을 먼저 할 수 있다면 지루한 일을 더 기꺼이 할 것입니다.

식사 관련 팁

ADHD 아동에게 식사와 관련한 가장 큰 문제는 까다로운 식욕과 식욕 부진의 범주에 해당합니다. 자극제 약물의 가장 흔한 부작용 중 두 가지는 복통과 식욕 부진입니다. 음식에 대한 보다 유연한 태도와 현명한 대처는 이러한 장애를 극복하고 자녀가 충분한 칼로리와 영양소를 섭취하도록 도와줍니다. 다음 20가지 팁을 통해 자녀의 식사를 개선하십시오.

274 설탕과 식품 첨가물을 제거하여 아이의 활동성과 충동성을 줄이려고 하지 마십시오. 단순히 먹는 음식 때문에 아이가 문제행동을 보이는 것은 매우 드문 경우이기 때문입니다.

275 제거식이요법을 시도하는 경우 체계적으로 진행해야 합니다. 2주간 자녀의 행동에 대한 자세한 기록을 작성하십시오. 다음 2주간 하나의 음식을 제거하고 행동을 기록하십시오. 행동을 계속 기록하면서 다음 2주간 제

거된 음식을 다시 제공하십시오. 이 상세한 분석은 특정 음식이 자녀의 활동에 영향을 미치는지 여부를 알려 줍니다. 각 음식마다 같은 절차로 반복하십시오.

276 특정 음식을 제거하는 것은 부모에게 실제적인 통제감을 제공해 주기 때문에 시도하고 싶은 매력적인 방법이 될 수 있습니다. 그러나 대부분의 아이는 음식 때문에 문제가 생기지 않기 때문에 부모가 실제로 관리하는 것은 식료품 쇼핑뿐입니다. 음식은 자녀가 숙제를 하고, 제시간에 잠자리에 들고, 집안일을 하고, 동생에게 친절하게 대하는 것 등에 거의 영향을 끼치지 않습니다.

277 최근 소집단의 아동에 대한 연구에서 식품 인공첨가제와 방부제를 제거하는 것이 행동에 미치는 영향은 미미한 것으로 밝혀졌습니다. 특정 식품 인공물질을 제거하는 것이 해가 되지는 않습니다. 하지만 현실적인 관점을 유지하고 극적인 변화를 기대하지 마십시오. 행동 변화가 없더라도 자녀에게 더 건강한 식단을 제공하게 될 것입니다.

278 ADHD 약이 자녀의 식욕에 영향을 미치는지 판단하기 위해 자녀가 약물 복용을 시작하거나 복용량 또는 약물의 종류를 변경할 때 식사 기록을 작성하십시오. 자녀의 키와 몸무게 그리고 무엇을 언제 얼마나 많이 먹는지 기록하십시오. 일부 아동은 몇 주 안에 식욕을 억제하는 부작용에 적응하고 정상적인 식습관으로 돌아갑니다. 하지만 일부 아동은 약물을 복용

하는 데 적응하지 못하고 계속 먹고 싶어 하지 않을 수 있습니다. 약물을 처방한 의사에게 식사 기록을 보여 주십시오.

279 자녀가 약물을 복용하기 전이나 복용하는 동안 음식을 먹도록 해 주십시오. 약물의 작용으로 식욕이 감소하기 전에 충분한 양의 칼로리를 섭취할 수 있도록 해 주십시오.

280 자극제를 복용하고 있다면 자녀가 배고픔을 느낄 때마다 먹이십시오. 자녀가 자극제를 복용하는 경우에는 식사 사이 또는 식후에 음식을 허용하지 않는 일반적인 규칙은 잊어야 합니다. 또한 약물 작용이 다 떨어지면 식욕이 증가하여 자녀가 일반적 식사 시간이 아닐 때 배가 고파집니다.

281 ADHD 약물을 복용하는 경우에는 가능한 다양한 음식을 먹을 수 있도록 해 주십시오. 가장 영양가 있는 음식이 아니더라도 무언가를 먹는 것이 자녀가 칼로리를 전혀 섭취하지 않는 것보다 낫습니다.

282 과일과 에너지바를 사용해서 영양가 있으면서도 맛있는 간식팩을 만들어 주세요.

283 스무디는 많은 칼로리를 제공할 수 있는 쉬운 방법입니다. 스무디에 요구르트나 아이스크림을 첨가하면 부드럽고 맛있어지며, 칼로리도 높아집니다.

284 냉동 과일을 스무디에 혼합하면 배를 채우고 대량의 영양소를 제공합니다. 스무디에 단백질 파우더를 첨가하면 자녀가 가장 싫어할 수 있는 필수 영양군이 추가됩니다.

285 머핀, 케이크 및 팬케이크에 단백질 파우더를 첨가하여 칼로리와 영양을 추가하십시오.

286 특히 자녀가 약물을 복용 중인 경우에는 음식을 주지 않는 것을 처벌로 사용하지 마십시오.

287 ADHD 아동에게는 전통적인 세 번의 거한 식사가 아닌 하루 여섯 번의 간소한 식사가 권장됩니다.

288 자녀가 매일 아침 식사를 하도록 하십시오. 학교에서 뇌에 연료를 공급할 에너지를 제공하는 것이 중요하기 때문입니다. 전통적인 아침 식사 메뉴가 아닌 점심이나 저녁 식사 식단이 될 수도 있는 칼로리가 많은 음식을 먹게 하여도 괜찮습니다.

289 아침 식단은 유연하게 하십시오. 누가 아침은 꼭 시리얼, 계란, 팬케이크 및 와플로 제한해야 한다고 말했습니까? 예를 들어, 피자, 파스타 및 부리토는 더 매력적이며 필요한 칼로리와 영양을 제공할 수 있습니다.

290 휴대용 아침 식사를 포장으로 준비하여 학교에 가는 도중에 차에서 먹도록 하십시오. 많은 ADHD 아동은 아침에 너무 느리게 움직여 식탁에 앉아서 아침 식사를 할 만큼 충분한 시간이 없습니다. 아이가 너무 느리게 준비하고 시간이 없어도 아침 식사를 제공하십시오.

291 자녀가 어떤 음식을 남기는지 도시락을 정기적으로 모니터링하십시오. 최대한 잘 먹을 음식을 보내십시오.

292 자녀가 점심 식사를 다 먹는지 친구와 바꾸거나 버리는지 물어보십시오. 자녀에게 훈육을 하기 위함이 아니고 당신이 자녀가 먹을 음식만 보내고 싶은 것이라고 알려 주세요.

293 설탕은 악이 아니라는 것을 기억하십시오. 식사 후 달콤한 간식은 아이가 접시를 비우게 하는 강력한 동기가 될 수 있습니다.

정리정돈에 대한 팁

ADHD 아동은 어지럽히고 쉽게 소지품을 잃어버리며, 또 물건을 정리하고 관리하고자 하는 동기가 거의 없습니다. 겉옷, 책가방, 도시락, 숙제, 학교 메모, 서류, 프로젝트 및 교과서를 반복적으로 잃어버릴 것이 예상됩니다. 정리정돈은 ADHD 아동이 전형적으로 잘 발달되지 못한 전두엽과 관련된 기술이며, 잘하고자 하는 마음이 거의 들지 않는 작업입니다. 당신은 필요하다고 생각되는 것보다 더 오랫동안 자녀에게 이러한 전두엽 기술을 제공해야 합니다. 정리정돈 결핍은 ADHD의 가장 개선이 어려운 증상 중 하나이며 종종 성인이 되어서도 지속됩니다. 당신이 자녀의 소지품, 학습, 숙제, 운동 활동 및 특별활동 관리를 대신 담당하면 많은 논쟁과 눈물이 절약됩니다. 다행히도 당신과 자녀를 위해 정리정돈을 보다 편하게 도와줄 수 있는 최신 도구가 많이 있습니다. 다음 42가지 팁을 사용하여 자신의 라이프스타일에 가장 적합한 방법을 찾으십시오.

294 집 안을 정리정돈하고 늘 그렇게 유지하십시오. ADHD 아동은 깔끔하고 체계적이며 구조화된 환경에서 더 잘 기능합니다.

295 자녀가 자신의 방, 책가방 또는 소지품을 정리하는 방법을 알 것이라 기대하지 마십시오. 방에 있는 서랍, 선반 및 상자에 라벨을 붙임으로써 정돈 방식을 계획하고 알려 주십시오.

296 자녀를 위해 방을 체계적으로 정리하고 라벨로 표시하여도 몇 년 동안은 자녀의 물건을 관리해 주어야 한다고 예상하십시오.

297 할 일 목록은 ADHD 아동과 함께 사는 가족에게 가장 유용한 정리정돈 도구입니다. 당신이나 자녀가 모든 할 일을 기억할 것으로 기대하거나 강요하지 마십시오.

298 컴퓨터 소프트웨어를 사용하여 자녀의 컴퓨터 데스크톱으로 할 일을 적은 메모를 보내 주십시오. 자녀는 작업이 완료되면 메모를 삭제하고 작업이 완료되었다고 이메일을 당신에게 보낼 수 있습니다.

299 컴퓨터 일정표를 사용하여 특별활동과 같은 반복적인 활동을 기입하고 부모님과 자녀가 쉽게 인지할 수 있는 시각적 효과를 위해 색으로 구분하십시오.

300 다채로운 스티커 메모나 종이를 사용하여 욕실 거울, 옷장문 또는 휴대전화와 같이 자녀가 자주 볼 수 있는 곳에 붙입니다.

301 스티커 메모의 색상과 스타일을 자주 바꾸십시오. 자녀가 노트를 보는 데 익숙해지면 더 이상 재미있는 이야기가 되거나 자녀의 주의를 끌지 않을 것입니다.

302 자녀가 일주일간의 일정 계획을 쉽게 볼 수 있도록 큰 벽걸이형 화이트보드에 주별 달력을 만들어 사용하십시오.

303 달력에 운동 활동은 초록색, 숙제는 파란색, 병원 예약은 노란색 등의 색상으로 활동을 분류하십시오.

304 다가오는 모든 일정을 자녀가 볼 수 있도록 달력에 게시하십시오.

305 앞으로 일어날 일상의 변화에 대해서 자녀에게 미리 안내하십시오.

306 자녀가 일 년에 두 번 자신의 침실을 청소하고 차고(역자 주 - 중고 물품)세일에서 물건을 팔아 자신의 방에서 나온 물건에 대한 돈은 자신이 가지도록 하여 동기부여를 하십시오.

307 자녀가 매일 책가방을 비우도록 하고 숙제가 끝나면 물건을 다시 깔

끔하게 정리해서 넣도록 하십시오.

308 자녀의 학교 자료를 색으로 분류하십시오. 각 과목마다 색상을 지정하고 해당 과목의 모든 자료는 해당 색상으로 정해 두면 각 과목에 필요한 모든 항목을 쉽게 찾을 수 있습니다. 교과서, 노트북, 암기 카드 및 형광펜 등 한 과목에 대해 모두 같은 색이어야 합니다. 교과서는 해당 색의 책 덮개로 싸거나 자녀가 덮개를 색종이와 마커로 장식할 수 있습니다.

309 자녀의 숙제와 시험 및 프로젝트를 보관할 색깔별 수납함을 제공하십시오. 시험공부를 할 때 쉽게 찾을 수 있도록 과목당 적합한 색상의 수납함을 사용하십시오.

310 아이가 숙제하는 공간에 작은 바구니를 놓아 더 이상 책가방에 가지고 다닐 필요는 없지만 버리기에는 적합하지 않은 자료를 넣도록 하십시오.

311 각 과목마다 색으로 구분된 플라스틱 폴더에 벨크로 잠금장치를 붙여 숙제나 학습 자료를 보관하고 빠지지 않도록 하십시오.

312 '제출용'이라는 라벨이 붙은 벨크로 잠금장치가 있는 플라스틱 폴더 하나를 사용하여 자녀가 제출하여야 하는 숙제와 노트를 보관하세요. 이렇게 하면 집과 교실을 오가는 중 숙제를 분실하지 않게 됩니다.

313 숙제를 제출하는 데 어려움이 있고, 숙제를 폴더에서 꺼내서 전달하는 사이에 잃어버릴 수 있는 아이들의 경우, 교사에게 자녀가 플라스틱 폴더 전체를 모든 숙제와 함께 제출할 수 있는지 문의하십시오. 교사는 숙제를 꺼내고 폴더를 다시 자녀에게 돌려줄 수 있습니다.

314 매 학기가 끝나면 보관할 필요가 없는 모든 학습 자료는 버리십시오.

315 달력에 책 보고서 및 과학 프로젝트와 같은 과제를 쓰면서 계획하십시오. 마감일로부터 거꾸로 계획을 짜고 자녀와 함께 프로젝트의 각 단계를 완료할 것으로 예상되는 날에 할 일을 기입하십시오(예를 들어, 30일: 프로젝트 제출, 29일: 최종 교정, 28일: 보고서 입력). 시작 날짜에서도 계획하십시오(예를 들어, 1일: 도서 대여, 2일: 1에서 20페이지 읽기, 3일: 20에서 40페이지 읽기 등. 15일: 개요 작성, 17일: 소개 단락 작성, 18일: 마지막 단락 쓰기 등).

316 마감일뿐 아니라 프로젝트의 '시작' 날짜도 설정하십시오.

317 프로젝트 기한을 계획할 때 컴퓨터에서 빈 달력을 인쇄하여 연필로 예상 날짜에 각 단계를 쓰십시오. 연필을 사용하면 계획을 수정해야 할 경우 쉽게 지우고 변경할 수 있습니다. 또는 컴퓨터에 입력하여 수정할 때마다 달력에 재입력하고 다시 인쇄할 수 있습니다.

318 자녀가 프로젝트를 완성된 일과 새로운 할 일에 따라 매일 바뀌는 생

물처럼 여기도록 도와주세요.

319 자녀가 자신의 달력에 적힌 할 일을 마치면 스스로 달력에서 지우게 하십시오. 목록 중에 완료한 일을 지울 때 우리는 만족감을 느낍니다.

320 책가방, 코트, 모자, 우산, 장갑, 도시락 등 등교 시 필요한 모든 물품을 둘 수 있는 선반, 벽걸이, 또는 큰 바구니 등을 준비하여 한곳에서 쉽게 챙겨 갈 수 있도록 해 주세요. 이렇게 하면 자녀가 매일 아침 준비물을 집 전체를 돌아다니면서 찾아 챙기지 않아도 됩니다.

321 집에 흩어져 있는 모든 물건을 담을 수 있는 상자나 바구니를 가족 구성원마다 하나씩 구입하십시오. 바구니를 각자의 방에 두어 물건을 치울 수 있습니다. 자녀가 물건을 찾을 수 없으면 자신의 바구니를 보도록 가르치십시오.

322 물건을 담을 수 있도록 자녀의 방에 큰 통이나 장식용 바구니를 여러 개 놓으십시오. 세탁물, 신발, 장난감, 스포츠 용품 등 글이나 사진으로 라벨을 합니다. 매일 한 번, 일반적으로 취침 전에 아이가 바닥에 어질러 있는 물건을 적절한 통에 넣도록 합니다. 이것은 방을 상대적으로 깨끗하고 깔끔하게 유지하도록 합니다.

323 세탁 바구니가 세탁실이나 화장실보다는 자녀의 방에 있으면 더러운

옷이 세탁될 가능성이 더 높아집니다.

324 더러운 옷을 담을 수 있는 바구니 한 개와 다시 입을 수 있는 옷을 담을 수 있는 다른 색의 바구니를 두어 세탁물을 줄이십시오. 이렇게 하면 아이가 서랍장이나 옷장에 정리하기 싫어서 세탁 바구니에 던져 넣는 옷을 세탁하지 않아도 됩니다. 나중에 당신이나 아이가 옷을 다시 서랍장이나 옷장에 넣을 수 있습니다.

325 자녀가 쉽게 접근할 수 있는 곳에 코트 걸이를 두어 외투, 스웨터 및 기타 부피가 큰 추운 계절 물품을 바닥에서 사라지게 해 주세요. ADHD 아동은 빠르게 움직이며 충동적이고 이러한 유형의 일상적인 작업에는 관심이 없으므로 자녀가 최대한 쉽게 할 수 있도록 환경을 만들어 줍니다.

326 집을 매일 청소하여 늘 깔끔히 정리되어 있게 해 주세요. ADHD 아동이 당신을 본보기 삼아 깨끗한 환경을 유지하는 방법을 배울 수 있습니다.

327 자녀가 매일 방을 정리하고 물건을 제자리에 두게 도와주십시오. 그렇게 하면 정리가 빨리 이루어질 수 있고 당신이나 자녀에게 감당하기 어려운 일이 되지 않을 것입니다.

328 컴퓨터를 사용하여 간단한 주소 라벨 시트를 만들어 자녀의 물건 중 여러 장소에 두고 올 가능성이 있는 것에 부착해 줍니다. 외투, 책, 가방, 도

시락 등 흔히 분실할 수 있는 물품에 라벨을 부착하면 잃어버리더라도 쉽게 찾을 수 있습니다.

329 각 서랍장 외부에 의류 종류의 사진을 붙여서 자녀가 옷을 쉽게 찾을 수 있도록 하십시오. 실내복, 셔츠, 바지, 파자마 등으로 분류하여 주십시오.

330 자녀의 방에 큰 바구니나 플라스틱 통을 두어 장난감을 보관하고 바닥에서 치우는 손쉬운 방법을 사용하십시오.

331 중요한 소지품에는 위치추적 장치를 부착하여 추적하세요. 로케이터 버튼을 눌러 장치의 벨소리가 들리면 찾을 수 있습니다.

332 부상이나 물품 파손을 방지하기 위해 집 안을 아이들에게 안전하게 유지하십시오. ADHD 아동은 사고가 발생할 경향이 높으므로 집 안의 장식을 자녀의 나이보다는 활동 수준에 맞추는 것이 가장 좋습니다.

333 자녀가 중요한 물건을 분실한 경우, 그 물건을 대체할 수 있도록 돈을 벌기 위해 할 일을 자세히 설명하는 계약서를 작성하십시오.

334 자녀가 각 수업의 숙제, 시험 및 프로젝트의 성적을 기록할 수 있는 기록지를 만드세요. 날짜, 과제 및 성적이 기록된 간단한 컴퓨터 스프레드

시트는 학기 말까지 기다리거나 학기 말 성적 결과에 당황하지 않고 그것에 관계없이 각 수업의 학업 발달을 점검하는 데 도움이 됩니다.

335 하나의 큰 고리 바인더를 준비하여 자녀의 성적표를 정리해 두면 나중에 쉽게 찾아 자녀의 교사 및 전문가와 공유할 수 있습니다.

형제자매 간 경쟁에 대한 팁

　자녀가 둘 이상인 모든 가족은 형제자매 간 경쟁에 직면합니다. ADHD 아동이 있는 가족은 일반적인 형제간 경쟁 이상의 많은 문제에 직면하게 됩니다. 일반 아동들은 ADHD가 있는 형제 또는 자매가 일으킬 수 있는 문제들과 더불어 살기가 어렵습니다. 형제자매 간 경쟁을 없애는 방법은 없지만 다음 17가지 팁이 갈등을 줄이는 데 도움을 줄 것입니다.

336 형제들이 서로 사랑하고 보호하도록 격려하는 분위기를 조성하십시오.

337 평생 동안 함께할 한 사람인 형제의 가치에 대해 자녀에게 반복해서 이야기하십시오.

338 자녀들이 무엇이든 서로 긍정적인 상호작용을 할 때 모두를 칭찬하십시오.

336. 형제들이 서로 사랑하고 보호하도록
    격려하는 분위기를 조성하십시오.

339 혼자 내버려 두고 서로 괴롭히지 않는 것에 대해 자녀들을 인정해 주고 감사하십시오.

340 형제에 대한 각 자녀의 불만을 들어주십시오. 좌절을 해소할 수 있도록 "그렇게까지 나쁘지 않아."라고 말하지 말고 들어주세요.

341 누가 누구에게 무엇을 했는지를 알아내기 위해 탐정놀이를 하지 마십시오. 대신에 "해결해야 할 문제는 무엇이니?"의 접근 방식을 선택하십시오.

342 문제 해결 과정에 자녀를 참여시키십시오. 자녀가 해결책을 만드는 데 참여하면 형제와 잘 지내는 이 방법에 협조할 가능성이 더 높습니다.

343 화목한 가족을 위한 가족 규칙을 정하십시오. "때리지 않습니다."와 같은 규칙은 가정의 모든 사람에게 적용되어야 합니다.

344 한 자녀가 이기고 다른 사람이 지는 것이 아니라 당사자 모두가 합의할 수 있는 '상생(win-win)'의 전략을 가르쳐서 자녀가 갈등 해결을 배우도록 도와주십시오.

345 당신이 지금 심판 역할을 하면, 당신은 영원히 심판이 될 것입니다. 대신 자녀들에게 화나게 하는 것을 말로 표현하고 서로 해결책을 찾는 방법을 가르치십시오.

346 판사, 배심원 및 형 집행자 부모의 자녀들은 서로 어울리지 못합니다. 어떤 아이를 처벌할지 결정하는 대신, 규칙을 위반하는 행동으로 인해 갈등이 생기면 둘 다 결과를 감당할 것이라고 자녀들을 가르치십시오. 이것은 형제를 곤경에 빠뜨리는 대신 문제를 해결해 나가는 방법을 배우는 데 도움이 됩니다.

347 자녀의 고자질을 자제시키십시오. 고자질을 하는 아이는 형제를 곤경에 빠뜨리고 자신이 유리한 입장에 서기를 바라고 있습니다. 고자질 대신 문제를 해결하는 데 도움을 요청하도록 가르치십시오.

348 모든 자녀에게 개별 토큰 또는 행동표를 제공하여 모든 아동이 보상과 특권을 얻도록 함으로써 형제간 질투를 줄여 주십시오.

349 다른 형제들의 경쟁이나 방해 없이 당신과 즐길 수 있도록 각 자녀와 개별적으로 특별한 시간을 계획하십시오.

350 가족의 모든 자녀에게 규칙을 실행하려고 노력하고 ADHD 아동이 노골적인 규칙 위반에 빠져나가지 않고 규칙을 반드시 적용하도록 하십시오.

351 ADHD가 없는 자녀가 당신이 만든 토큰 또는 행동표에 참여하기를 원하지 않는 경우, 특별 보상이나 특권을 얻을 수 있는 개별 계약을 체결하십시오.

352 자녀들이 서로에게서 좋은 점을 찾도록 격려할 수 있는 "찾았다, 와!" 보상 프로그램을 시작하십시오. 형제가 좋은 일이나 적절한 일을 하는 것을 발견할 때마다 그 일을 당신에게 알려 줍니다. 형제의 좋은 행동을 인식한 자녀도 점수를 얻고, 좋은 행동을 수행한 자녀도 점수를 얻습니다. 자녀들이 처음에 너무 많이 보고하여도 성가신 내색을 하지 마십시오. 서로 칭찬하여 성가시게 하는 것이 서로 싸워 성가시게 하는 것보다 낫습니다.

학습에 대한 팁

대부분의 ADHD 아동에게 시험공부는 그들이 상상할 수 있는 가장 고통스러운 경험 중 하나입니다. 그들의 증상은 학습에 대한 인내와 동기부여를 방해합니다. 그들은 정보를 암기하는 데 거의 관심이 없으며 지루함에 대해 매우 낮은 내성을 가지고 있습니다. ADHD 아동은 학습을 시작하고 지속하는 데 큰 어려움이 있습니다. ADHD 아동은 스스로 할 수 없으며 부모의 도움이 절대적으로 필요합니다. 학습능력의 발달은 매우 느리게 진행됩니다. 즉, 학부모는 자녀가 초등학교 및 중학교 내내 공부하는 것을 도와야 합니다. 학습을 즐겁게 만들고 즉각적인 보상을 약속하는 것은 자녀가 공부하도록 하는 열쇠입니다. 다음 18가지 팁은 당신이 자녀의 학습에 재미를 더하게 해 줄 것입니다.

353 자녀가 혼자 공부할 수 없고 당신의 도움이 필요한 것을 인정하십시오.

354 자녀가 혼자 공부하도록 강요하는 대신 공부하는 것을 당신이 도와야 한다고 마음먹으십시오.

355 시험공부를 도울 때 학습 자료를 자녀와 번갈아 가며 적은 부분씩 소리 내어 읽으세요. 한 사람이 해당 부분 읽기를 끝내면 듣는 사람에게 읽은 내용에 관하여 퀴즈를 냅니다. 이 방법으로 자녀는 자신이 읽을 순서인지 들을 순서인지 배울 수 있습니다.

356 암기 카드는 거의 모든 과목에서 가장 효과적인 학습 도구이며, 시험공부를 할 때는 시원한 바람 같은 존재가 됩니다. 자녀가 교과서를 읽을 때 암기 카드를 만들도록 도와주십시오. 자녀가 암기 카드당 하나의 내용을 쓰도록 도와주세요. 카드 뒷면에는 그 내용과 관련된 질문을 쓰도록 도와주십시오.

357 자녀가 교재의 단원에서 암기 카드를 만든 후에는 그 단원은 다시 보지 않아도 됩니다. 시험공부를 할 때 암기 카드만 사용하면 됩니다.

358 공부를 위해 암기 카드를 쓸 때, 누가 카드를 적는지보다 누구든 적는 것이 더 중요합니다. 자녀가 글쓰기에 큰 어려움을 겪고 있다면 당신이 적을 수 있도록 자녀는 암기 카드에 적을 내용을 선택하고 질문을 만드는 것을 돕도록 하십시오.

359 자녀가 암기 카드를 정리하여 학습에 유용한 도구가 되도록 도와주십시오. 각 카드에 과목과 단원 라벨을 붙입니다. 단원별로 카드를 모아 고무줄로 묶은 다음 암기 카드 상자, 신발 상자, 또는 샌드위치 봉지에 보관하십시오.

360 각 과목마다 다른 색상의 암기 카드를 사용하여 자녀가 체계를 유지하도록 도와주십시오.

361 보드게임 카드를 암기 카드로 대체하십시오. 'Trivial Pursuit(역자 주-주제별 상식을 묻는 보드게임)'의 카드를 자녀의 암기 카드로 대체하여 학습을 재미있는 게임으로 바꿔 주십시오.

362 학습 시간을 놀이 시간과 통합하십시오. 놀이를 하면서 실수를 하거나 자기 차례를 놓치는 사람이 자녀의 암기 카드 질문에 대답해야 합니다. 당신이 질문에 대답할 때도 자녀는 배우고 있습니다.

363 공부하는 동안 카드 게임을 하십시오. 예를 들어, 고 피쉬(Go Fish) 게임을 하며 한 사람이 "고 피쉬"라고 할 때, 평소와 같이 카드를 가져갈 뿐만 아니라 암기 카드의 질문에 대답해야 합니다.

364 어디를 가든 암기 카드를 지참하십시오. 식당에서 주문한 음식을 기다리는 등 자투리 시간들을 학습을 위한 기회로 사용하면 도움이 될 것입니다.

365 자녀가 암기 카드를 사용하여 당신에게 퀴즈를 내게 하세요. 당신이 질문에 대답하는 사람이라도 자녀에게는 공부가 됩니다.

366 당신이 암기 카드로 퀴즈를 낼 때 자녀가 움직이면서 돌아다니게 하십시오. 당신이 퀴즈를 내는 동안 몸을 흔들거나, 줄넘기, 공 팅기가 또는 트램펄린 뛰기 등을 할 수 있습니다.

367 퀴즈방송 형식을 사용하여 학습을 암기 카드를 이용하는 게임으로 만드십시오.

368 자녀가 암기 카드의 내용으로 당신을 인터뷰하는 뉴스 형식으로 학습을 바꾸십시오. 또는 자녀가 기자처럼 행동하며 암기 카드에서 사실을 알려 줄 수 있습니다. 이런 학습 방법을 녹화하면 재미있을 뿐만 아니라 정보를 배우는 데 도움이 되어 또 하나의 흥미로운 학습 방법을 제공합니다.

369 자녀가 공부하는 것에 대해 그림을 그리도록 하여 사실이나 정의에 대한 암기력을 높이십시오.

370 수성, 금성, 지구, 화성, 목성, 토성, 천왕성, 해왕성 등 행성의 순서를 기억하기 위해 '수금지화목토천해'와 같은 연상기호 만드는 방법을 자녀에게 가르치면 항목 목록의 암기력을 높일 수 있습니다.

전자기기 이용에 대한 팁

　전자기기는 오늘날의 부모가 아동일 때는 누려 보지 못한 놀라운 기회를 제공합니다. 아이들은 교실과 가정에서 전자기기를 사용하여 보다 쉽게 학습 과제를 수행할 수 있습니다. ADHD 아동은 특히 전자기기에 매혹되기 쉬워 협력을 유도하고 집안일을 하며 숙제를 완수하는 데 이상적인 동기를 부여합니다. 전자기기에 대한 그들의 사랑과 함께 가족 간 갈등의 기회도 발생합니다. ADHD 아동 일부는 마치 텔레비전, 컴퓨터 및 비디오게임에 '중독'된 것처럼 행동합니다. 다음 29가지 팁은 전자기기를 당신에게 유리하도록 활용하되 갈등의 원인이 되지 않도록 도와줄 것입니다.

371 교실 혹은 숙제하는 중에 소음 감소 헤드폰이나 귀마개를 사용하여 소음을 차단하여 산만함을 줄입니다.

372 숙제하는 시간 동안 약간의 소음을 차단하기 위해 백색소음 발생기를 사용하십시오.

373 숙제, 집안일 및 과제를 할 때에 디지털 타이머를 사용하여 자녀에게 과제를 마치기 위해 몇 분이 남았는지 보여 줍니다.

374 휴대전화 알람을 작업 알림으로 설정하여 사용하십시오.

375 필기 대신 컴퓨터를 사용하여 입력하십시오.

376 자녀가 음성인식 소프트웨어를 사용하여 자신의 보고서를 음성으로 컴퓨터에 입력합니다. 음성 입력을 마치면 돌아가서 편집할 수 있습니다.

377 중·고등학교 학생들은 필기 메모 대신 노트북을 사용할 수 있습니다.

378 디지털 음성메모 녹음기를 사용하여 미리 알림 및 숙제를 녹음하십시오. 대부분의 휴대전화에는 음성 녹음 기능이 있습니다.

379 자녀의 교사에게 매일 또는 매주 숙제 목록을 부모에게 이메일로 보내 줄 수 있는지 물어보십시오.

380 컴퓨터 달력 프로그램을 사용하여 자녀의 숙제, 프로젝트 마감일 및

활동 일정을 관리하십시오.

381 자녀의 학교 과목을 컴퓨터 달력에 색으로 구분하여 자녀가 해야 할 일을 더 쉽게 볼 수 있도록 하십시오.

382 시계 진동알람 또는 휴대전화 진동알람을 사용하여 작업 미리 알림을 설정하십시오.

383 텔레비전 시청이나 인터넷 사용, 컴퓨터나 인터넷 게임 이용은 보상으로만 허용하십시오. 일반적으로 10점에 30분이 적당합니다.

384 자녀가 매일 시청하는 텔레비전의 양을 제한하되, 텔레비전은 규칙을 지키게 할 동기를 가장 잘 부여하는 보상 중 하나일 수 있음을 기억하세요. 텔레비전에 너무 엄격한 태도를 취하면 자녀가 규칙을 준수할 동기가 거의 없습니다.

385 자녀의 텔레비전 시청을 미리 계획하고 연령에 맞는 것을 선택하십시오.

386 자녀가 좋아하는 프로그램을 녹화하여 자녀가 토큰 및 점수를 지불하는 특권으로 시청하도록 하십시오.

387 자녀와 함께 매주 텔레비전 스케줄을 정하고 텔레비전 근처에 게시하면 자녀가 언제, 무엇을 볼 수 있는지 확인할 수 있습니다.

388 텔레비전을 끄기 5분 전에 자녀에게 경고하십시오. ADHD 아동은 경고 없이 일어나는 활동의 변화, 특히 텔레비전, 컴퓨터 및 비디오게임에 매우 민감합니다.

389 자녀가 텔레비전 끄기를 거부하는 경우, 당신이 요청할 때 텔레비전을 끄지 않으면 계속 시청할 때마다 내일 텔레비전 시청 시간에서 차감된다고 경고하십시오.

390 자녀가 텔레비전 끄기를 반복해서 거부하면 논쟁을 벌이지 말고 당신이 대신 리모콘으로 끌 수 있습니다. 이런 일이 빈번히 발생하는 경우 리모컨을 잘 보관하십시오.

391 당신이 집에 없을 때도 텔레비전을 관리하십시오. 이는 부적절한 콘텐츠 채널을 잠그는 것을 의미합니다.

392 텔레비전은 좋은 교육 도구가 될 수 있습니다. 자녀와 함께 교육적이고 좋은 도덕적 교훈을 가르치며 긍정적인 메시지를 주는 프로그램을 시청하십시오.

393 자녀가 텔레비전에서 시청하고 라디오에서 듣는 뉴스의 양을 제한하십시오. 아이들은 뉴스의 부정적인 내용을 세상의 더 큰 그림에 담을 수 있는 능력이 없으며, 때때로 뉴스에서 듣는 것이 그들에게 일어날 것이라고 걱정할 수 있습니다.

394 비디오게임이나 컴퓨터게임을 하는 시간을 규칙 준수에 대한 보상으로 사용하십시오. 일반적으로 30분에 10개의 토큰 및 점수가 적당합니다.

395 게임이나 컴퓨터하는 시간을 무제한으로 허용하지 마십시오. ADHD 아동은 특히 전자오락에 '중독된' 것처럼 행동하기 쉽고 다른 활동을 배제할 것입니다.

396 하루에 일정량의 게임이나 컴퓨터하는 시간을 허용하십시오. 심리학자들은 적절한 양이 얼마인지에 대해 아직 합의에 이르지 못했습니다. 권장 사항은 30분에서 2시간을 넘지 않는 것이지만 가족마다 다릅니다. 주말에는 더 많은 시간을 허용할 수도 있습니다.

397 자녀가 비디오게임이나 컴퓨터게임 종료를 거부하는 경우 연장한 만큼 내일 이용 가능 시간에서 차감하십시오.

398 자녀가 순순히 비디오게임이나 컴퓨터게임 종료를 따르지 않을 경우 전기 콘센트에 컴퓨터를 자동으로 종료시키는 타이머를 설정할 수 있습니다.

399 당신이 집에 없을 때 자녀가 게임을 하거나 컴퓨터를 반복적으로 몰래 사용하는 경우 외출 시 코드를 가지고 나가면 기계를 켤 수 없습니다. 자녀는 일주일 동안 게임하기나 컴퓨터 사용 규칙에 100%로 협력하여 코드를 되찾을 수 있습니다.

수면을 위한 팁

취침 준비는 매일 저녁 치러야 하는 전쟁입니다. 사실 모든 아이가 "자러 가라."거나 "일어나라."는 말을 듣기 싫어하고, 잠드는 것을 어려워합니다. 이러한 행동은 ADHD 아동에게서도 동일하게 나타납니다. 우리는 ADHD 아동이 불면증을 빈번하게 경험하는 이유에 대해서 아직 알지 못합니다. 최근 연구들에 의하면, ADHD 아동 뇌의 생체리듬이 일반 아동과 다르며, 이로 인해 이들이 부엉이와 유사한 행동 패턴을 보인다는 결과들을 보여 주기도 합니다. 우리는 자녀들의 생물학적 구조를 변화시킬 수 없습니다. 하지만 우리는 다음에 제시된 47가지 팁을 통해서 우리 가정 안에 보다 평화로운 취침 준비 시간을 만들 수 있고, 자녀들이 숙면을 취할 수 있는 기회를 제공해 줄 수 있을 것입니다.

400 자녀에게 매일 밤 동일하게 반복되는 취침 루틴(습관)을 만들어 주세요. 아이들은 자신이 해야 할 일들의 순차적인 행동 루틴에 대해 명료하게

인식하고 있을 때, 그 일을 성공적으로 마칠 가능성이 높아집니다.

401 취침 루틴에는 씻기, 잠옷으로 갈아입기, 양치질하기, 다음 날 입을 옷 골라놓기 등 수면과 기상에 필요한 최소한의 과제들만 하게 해 주세요. 이 시간에는 다른 집안일이나 심부름과 관련된 일들을 추가하지 않도록 해 주세요.

402 매일 밤 잠자리에 들기 전에 모든 취침 루틴을 마치면 즐거운 활동을 한 가지 만들어 주세요. 예를 들면, 동화책 읽기나 안아 주고 이야기하기, 또는 함께 텔레비전 보기나 보드게임하기 등 아이들이 좋아하는 활동을 함께한다면 그들이 잠자리에 드는 것을 꺼리지 않게 도울 수 있을 것입니다.

403 학교에 갈 때는 매일 같은 시간에 취침합니다. 일정한 취침 시간은 밤에 일관된 협력으로 이어질 것입니다.

404 불이 꺼지기 전에 자녀가 오늘 한 좋은 일에 대해 이야기하고 그것에 대해 칭찬하여 잠들기 직전에 긍정적인 감정을 갖도록 하십시오.

405 취침 시간 대화는 긍정적으로 유지하십시오. 하루의 일과를 검토할 때 좋은 점에 집중하십시오. 잘못된 일에 대한 언급은 "내일 다시 시도할 수 있어."라고 해 주십시오.

406 자녀가 긍정적인 생각과 감정으로 잠들 수 있도록 취침 시간에 문제 행동에 관한 대화를 피하십시오. 그러나 자녀가 취침 시간에 문제나 그릇된 행동에 대해 이야기하고 싶어 하면 그렇게 하십시오. 그러나 당신의 의견은 격려와 사랑을 유지하여 자녀의 그런 행동이 다시는 일어나지 않을 것이라는 희망으로 잠들게 해 주세요.

407 취침 시간은 아이들이 마음을 열고 하루의 감정과 문제에 대해 이야기하는 공통적인 시간입니다. 당신의 일과를 잘 계획하여 아이의 말을 들어줄 수 있는 시간을 만드세요.

408 침대에서 아이에게 책을 읽어 주는 것은 힘든 하루를 끝내는 좋은 방법입니다.

409 "한 권 더 읽어 주세요!"라며 애원하는 것을 막기 위해 시간 제한 또는 책의 권 수 제한을 설정하십시오.

410 책 읽어 주기를 자녀가 제시간에 침대에서 잠드는 것에 대한 보상으로 사용하십시오. 그리고 늦는 만큼 책 읽어 주는 시간을 줄이세요. 취침 시간에 5분 늦으면 스토리 타임이 5분 단축됩니다. 이것을 처벌로 사용하는 것이 아닌 단순한 이성적 대응방법으로 여기세요.

411 야간 조명은 어린아이들뿐만 아니라 청소년에게도 안정감을 줄 수

있습니다.

412 아이가 쉽게 잠들 수 있도록 도와주는 방법을 배우십시오. 등 문지르기, 진정시키는 음악이나 옛날이야기 들려주기, 취침모드가 있는 텔레비전 보기는 일부 아동들에게 흔한 수면 유도 요소입니다.

413 아이가 잠들기를 어려워하여도 그것에 대해 아이와 싸우지 않도록 최선을 다하십시오. 많은 ADHD 아동은 생물학적으로 자신의 의도와 관계없이 잠들기 과정에서 매우 어려운 시간을 보냅니다.

414 당신은 자녀가 잠을 자도록 '만들지' 못한다는 것을 인정하십시오. 자녀가 침대에 있어야 하는 한도를 설정할 수 있지만 강제로 잠들게 만들 수는 없습니다.

415 잠들 수 없는 아이들도 여전히 침대에 누워 있어야 합니다. 아이에게 책을 읽거나 조용히 인형을 가지고 놀거나 음성 책을 듣는 등 침대에 누워 있는 동안 할 수 있는 조용한 선택사항을 제공하십시오.

416 자녀가 잠들기 어려워할 때 침대에서 누워 있게 하는 아이디어에 대해 자녀와 이야기하십시오. 장난감을 가지고 놀거나, 책을 읽거나, 일정 시간 동안 텔레비전을 보는 것과 같은 합리적인 아이디어를 허용하십시오.

417 아이가 침대에서 앉지 않고 누워서 책을 읽게 하십시오. 더 빨리 잠들 수 있습니다.

418 자녀가 복용하는 약물이 수면 문제의 잠재적 원인인지 검토해 보십시오. 불면증은 자극제 약물의 가장 흔한 부작용 중 하나입니다. 약물을 시작하거나 변경한 후에 자녀의 불면증이 시작되거나 증가한 경우, 자녀의 ADHD 약을 처방한 의사와 상담하십시오.

419 자녀가 약물치료에 적응하지 못하고 수면 문제가 지속되면, 자녀에게 더 중요한 것이 무엇인지, 높은 주의력과 집중력인지 아니면 일관적인 질적 취침인지에 대한 결정에 마주해야 합니다.

420 자녀가 충분한 수면을 취하고 있는지를 확인하십시오. 아동은 성인보다 더 많은 수면을 필요로 하며, ADHD 아동은 비장애아동보다 더 많은 수면 시간이 필요할 수 있습니다. 미국 국립수면재단(National Sleep Foundation)에 따르면, 3~5세 아동은 11~13시간의 수면이 필요하고, 5~10세 아동에게는 10~11시간의 수면이 필요하며, 10~17세 아동은 8.5~9.5시간의 수면이 필요합니다.

421 자녀를 정시에 잠들게 하십시오. 자녀를 자주 정해진 시간 이후에 재우게 되는 경우, 저녁 시간 일과를 변경하여 취침 시간이 일정하도록 해 주십시오.

422 자녀가 왜 잠자리에 들고 싶지 않은지를 알아보고 논리적인 해결책을 만드십시오. 자녀가 어둠을 두려워한다면 야간 조명을 두거나 복도 조명을 켜 두십시오. 소음으로 인해 겁이 나면 조용한 배경 음악을 재생하거나 음향기기 및 백색소음 발생기를 사용하십시오. 만약 괴물을 두려워하는 경우, 눕기 전에 방에서 모두 제거되었다고 안심시켜 주세요.

423 금요일, 토요일 및 공휴일은 특별한 날이며 자녀가 늦게 취침할 수 있는 기회를 제공하십시오. 자녀가 일요일부터 목요일까지 정해진 시간에 자면 금요일과 토요일에 늦게 취침하는 보상을 얻을 수 있습니다. 아이가 나이가 많을수록 취침 시간을 더 지연할 수 있습니다. 7세는 30분에서 60분 지연할 수 있습니다. 12세는 60분에서 90분, 십 대는 두세 시간까지 지연해 줄 수 있습니다.

424 자녀가 수면에 지속적인 어려움을 겪고 있다면 일주일간 일관적인 수면 및 기상 시간을 유지하고 주말 취침 시간 지연은 포기하여야 합니다.

425 취침 시 방해 요소를 제거하여 자녀에게 집중할 수 있도록 하십시오. 텔레비전을 끄고 전화는 소리샘(음성녹음)으로 연결되도록 합니다.

426 밤이 깊어질수록 자녀의 활동 수준을 낮추십시오. 극한활동 또는 활동적인 놀이 후에 아이가 빨리 잠드는 경우가 아니라면 잠자기 전 마지막 2시간 동안은 가정에서 침착한 상태를 유지하도록 하십시오.

425. 취침 시 방해 요소를 제거하여
자녀에게 집중할 수 있도록 하십시오.

427 자녀가 잠들기 전에 즐거운 대화를 나누면서 침대에서 일어나서 하나만 더 질문하는 것을 막으십시오. 아이의 방을 떠나기 전에 "다른 이야기할게 있니?" 하고 물어보십시오.

428 자녀가 침대에서 일어나게 만드는 모든 것을 미리 예상하여 화장실에 가거나 물을 마시거나 질문하는 것 등을 예방하십시오. 자녀가 자기 전에 화장실을 사용하게 하십시오. 아이의 침대 옆에 물, 손전등, 동물 인형, 책, 시계, 음악 등과 같이 아이가 요구할 만한 모든 물건을 준비해 놓으십시오.

429 취침 시간 점검표를 작성하여 자녀가 잊어버린 일을 하러 침대에서 일어나는 것을 예방하십시오. 자녀가 잠자리에 들기 전에 함께 점검표 목록을 검토하십시오(예를 들어, 내일 입을 옷-완료, 책가방-완료, 도시락-완료).

430 자녀가 반복해서 침대에서 일어나는 것을 방지하기 위해 5분 후에 자녀를 검사하겠다고 말해 주고, 자녀가 필요한 것이 생각나면 당신이 검사하러 올 때까지 기다리도록 합니다. 자녀는 10분, 20분, 심지어 30분 동안 5분마다 점검이 필요할 수 있습니다. 아이가 침대에서 잘 있을수록 확인하는 횟수를 줄이고 간격을 늘릴 수 있습니다.

431 자녀가 필요할 때 베이비 모니터를 사용하여 당신에게 말하도록 하고 침대에서 나오는 것을 예방하십시오. 자녀에게 베이비 모니터로 당신을 부

를 수 있는 경우를 나열해 주십시오.

432 잠자리에 들기를 거부하는 아이의 경우 침대에 누운 후에만 찾을 수 있도록 베개 아래에 비밀선물을 넣어 두세요. 비밀선물은 스티커, 수집 카드, 추가 점수 또는 주말에 15분 늦게 취침할 수 있는 쿠폰과 같이 작은 것이어야 합니다.

433 침대에서 아이가 휴식을 취하도록 등을 가볍게 긁어 주거나 등을 부드럽게 문지르는 등 좋아하는 신체접촉을 해 주십시오.

434 조용하고 진정되는 음악은 자녀가 긴장을 풀고 잠들 수 있는 방법을 제공할 수 있습니다.

435 자녀가 준비가 되었다고 판단되면 바로 자신의 침대에서 자도록 가르치십시오. 이것이 자녀가 몇 달 또는 몇 년 동안 당신의 침대에서 취침하는 습관을 끊는 것보다 훨씬 쉽습니다.

436 자녀가 밤에 당신 방으로 오면 '뽀뽀하기' 같은 빠른 애정 표현과 신속한 퇴장으로 자신의 침대로 돌려보내십시오. 친절하게 대하지만 자녀를 방에 머물게 하지 마십시오. 그렇지 않으면 자녀가 밤에 당신의 방에 머물 수 있다는 것을 빨리 알게 될 것입니다.

437 자녀를 깨어 있게 할 수 있는 조명을 제거하십시오. 가변 조명이 있는 알람 시계를 사용하여 자녀가 필요에 따라 밝기를 조절할 수 있도록 해 주십시오.

438 빛이 자녀의 취침을 방해하면 수면 안대를 사용해 빛을 차단하십시오.

439 소리가 자녀의 취침을 방해하면 귀마개를 사용해 보십시오. 배경소음조차도 일부 아동에게는 방해가 될 수 있습니다.

440 자녀가 잘 잔 날 밤과 잘 자지 못한 밤에 무엇을 입고 있었는지 주목하십시오. 일부 직물은 아이에게 자극을 줄 수 있지만 자녀 스스로는 왜 불편한지, 무엇이 성가시게 하는지 알지 못할 수 있습니다. 나일론 및 기타 합성 물질은 아이가 땀을 흘리거나 뒤척이게 할 수 있습니다. 일부 아이들은 추운 겨울 날씨에도 플란넬 잠옷과 침대보가 너무 더울 수 있습니다.

441 침실 온도가 적절한지 확인하십시오. 너무 덥거나 추운 방은 아이를 깨우거나 불안한 수면을 유발할 수 있습니다.

442 바람의 세기가 낮게 설정된 선풍기는 방을 시원하게 유지하고 리듬 소리가 들려 아이가 잠을 잘 수 있게 합니다.

443 ADHD를 가진 10대들은 스스로 자신의 일과를 계획하고 늦게까지 깨어 있기를 원하기 때문에 취침 시간이 당신에게 더 어려울 것입니다. 충분한 수면을 보장하고 선택의 자유를 존중하는 합리적인 일정을 10대 자녀와 협의하십시오.

444 고조파 수면(Harmonic Sleep)은 잠재적 고조파 음악 CD로 자녀가 수면을 취하도록 유도합니다.

445 Hemi-Sync의 수면유도(Sound Sleeper) CD는 헤드폰으로 각 귀에 다른 신호를 보내서 잠을 유도합니다.

446 Pillowsonic 베개는 사용하는 사람만 들을 수 있도록 음악을 재생하는 스피커가 내장된 것으로, 방을 같이 쓰는 형제자매가 있는 경우 적합합니다.

04

자녀의 학업 능력
향상을 돕는 팁

—

수업 시간을 위한 팁

교실은 자녀가 산만해지거나 집중력을 잃고, 가만히 앉아 있지 못하고, 충동적이 되고, 친구를 방해할 많은 기회를 제공할 수 있습니다. ADHD 아동은 선생님의 잦은 질책과 친구의 부정적인 견해로 자존감을 잃어버리기 쉽습니다. 다행히 교실은 자녀가 성공하도록 돕는 편의 시설 중에서도 이용하기에 가장 쉬운 곳 중 하나입니다. 다음 22가지 팁을 자녀의 선생님과 공유하여 학교를 아이가 가고 싶어 하는 장소로 만들기 위해 함께 노력할 수 있습니다.

447 학기 초에 선생님과 만나 자녀가 어떤 행동의 어려움을 겪고 있는지 알려 주십시오. 그러면 선생님이 아이를 적대시하지 않고 이해하고 함께 도와줄 수 있습니다.

448 자녀에게 문제가 생겨 선생님이 당신을 부를 때가 되어서야 선생님에

게 자녀가 ADHD로 인해 어려움을 겪고 있음을 알리는 일이 없도록 하세요. 선생님이나 자녀 모두에게 공정하지 않습니다.

449 당신이 말을 하지 않으면 자녀에게 장애가 있다는 것을 선생님이 알지 못할 거라고 생각하지 마십시오. 선생님은 ADHD를 인지하지 못할 수도 있지만, 자녀에게 문제가 있음을 반드시 알게 될 것입니다.

450 학기 초에 선생님이 필요한 만큼 자주 자녀에 관해 이야기하도록 선생님에게 기회를 주십시오.

451 선생님이 부모님과 원활히 의사소통할 수 있도록 이메일 주소와 휴대전화 번호를 제공하십시오.

452 선생님에게 요청할 사항은 빠르고 쉽게 실행될 수 있는 것으로 하십시오. 요청하는 관리기술이 선생님이 빠르고 쉽게 할 수 있고 수업 운영을 방해하지 않는다면 실행될 가능성은 훨씬 더 높아집니다.

453 자녀가 교실에서 심각한 행동 문제를 빈번하게 겪고 있는 경우 선생님과 협력하여 자녀를 가르치십시오. ADHD가 심한 아동은 탈출할 수단이 없는 교실에서 갇혀 있는 느낌을 받을 수 있으며, 이는 매우 파괴적인 행동을 초래할 수 있습니다. 이런 유형의 아동은 감당할 수 없을 만큼 자제력을 잃었다고 느낄 때 책상을 잠시 떠나게 하면, 학급 친구들과 선생님을 방해

하는 심각한 행동 문제를 예방할 수 있습니다.

454 자녀의 행동 문제에 대해 현실적으로 대처하십시오. 때로 ADHD 아동이 매우 똑똑하더라도 일반 교실에 남아 있기에는 행동이 여러 문제를 불러일으킬 수 있습니다.

455 자녀가 빈번히 곤경에 처하는 경우, 행동 문제가 있는 아동을 위해 설계된 특수교육 학급이 일반 학급보다 자녀의 복지, 행복 및 학업성취도에 더 좋을 수 있습니다.

456 교실에서 빈번한 행동 문제가 있는 아동의 경우, 교사가 작성하는 행동일지표는 행동을 크게 향상시킬 수 있습니다. 표에 세 가지 행동 항목을 선택하십시오. 첫째, 매일 최소 1점을 얻을 수 있도록 성공을 보장할 수 있는 것을 선택하십시오. 둘째, 작은 도전이 되는 행동을 선택하십시오. 셋째, 가장 문제가 있는 행동을 선택하십시오. 자녀는 각 성공적인 행동마다 1점을 얻습니다. 세 가지 모두에 성공하면 100% 성공에 대해 보너스 3점을 추가로 얻습니다. 자녀는 그날 점수를 보상 또는 특권으로 교환할 수 있습니다. 이 표는 부모가 아닌 교사가 자녀와 함께 하교 전에 표를 검토하여 보상해 주는 경우 가장 효과적입니다. 당신은 아이가 매일 표를 보여 줄 때 칭찬할 수 있지만 검토와 보상은 교사가 담당하게 하십시오.

457 ADHD 아동들은 자신이 하고 싶은 말을 잊을 것이라는 두려움 때문

에 대답을 소리 내어 말한다는 것을 이해하십시오. 그들의 '작업기억'(기다리는 동안 생각을 그들의 기억에 붙잡아 두는 능력)은 일반적으로 취약합니다. 수년에 걸쳐 아이는 수업 중 반복적인 방해로 인해 성적표의 '수업태도' 항목에 낮은 점수를 받을 것입니다. 이런 일이 일어날 것으로 예상하고 이 일로 자녀를 처벌하지 마십시오.

458 선생님은 때때로 자녀에게 먼저 기회를 주어 자녀가 방해를 하거나 대답을 위해 소리치는 것을 멈추고 능력을 발휘하도록 도와줄 수 있습니다. 이것은 자녀가 지식을 입증해 보여 자존감을 높일 수 있을 뿐만 아니라 수업을 방해하는 것을 예방합니다.

459 부모는 자녀의 선생님에게 ADHD 아동이 자신의 차례를 기다릴 수 있는 능력 개발을 도울 수 있도록 "나는 인성이를 먼저 부르고 규선이 그리고 미연이 순으로 부를 거야."라고 미리 순서를 알려 주도록 요청할 수 있습니다.

460 선생님은 학생들에게 질문이 무엇인지 미리 말하고 학생들이 답을 적도록 유도함으로써 ADHD 아동들이 차례를 기다리는 동안 자신의 답을 머리에 담아 둘 수 있도록 도울 수 있습니다. 예를 들어, "나는 학급에 포유류의 네 가지 특징이 무엇인지 물어볼 것입니다. 모두가 답을 쓰고 손을 들면 한 가지 특징을 발표하라고 부탁할 것입니다."

461 초등학교 고학년 학생의 경우, 교사는 ADHD를 가진 학생이 종이를 꺼내 답변을 적어 두거나 답변에 대한 짧은 단서를 적어 두어 자신의 순서가 되면 종이를 보고 답하도록 도울 수 있습니다.

462 학생들이 답을 소리쳐도 선생님은 여전히 칭찬을 하고 동시에 자신의 차례를 기다리도록 상기시키고 격려해 줄 수 있습니다. 예를 들어, "정답입니다! 잘했어요! 다음 질문은 내가 부를 때까지 기다리는 걸 기억해 주세요."

463 충동성은 ADHD의 주요 증상이며 교사가 아무리 숙련되어도 사라지지 않는다는 것을 기억하십시오. 자녀의 선생님은 아이의 증상과 함께 노력해야 합니다.

464 자녀가 선생님 앞에 가까이 앉아 주의를 기울이는 시간을 늘릴 수 있도록 요청하십시오.

465 행동과 학습의 긍정적 역할모델이 될 수 있는 학생 옆에 자녀가 앉을 수 있도록 요청하십시오.

466 자녀가 교실 문이나 창문, 수다스러운 학생들과 같은 명백한 방해 요소로부터 멀리 앉을 수 있도록 요청하십시오.

467 가만히 앉아 있지 못하고, 안절부절못하는 아이들은 교실 뒤쪽에 정기적으로 앉아 그들의 움직임이 학급을 덜 방해할 수 있게 해 주십시오.

468 홈스쿨링은 전통적인 학교에서 성공적으로 적응하지 못한 아동들을 위한 선택입니다. ADHD 증상에 대한 인내, 친구들의 놀림으로부터의 자유, 과제의 융통성, 학교에서 배제된 예술, 음악 및 드라마 같은 많은 수업처럼 홈스쿨링 시 자녀가 경험할 수 있는 이점을 고려하십시오(역자 주 - 2021년 현재 국내에서 홈스쿨링은 정규교육과정으로 인정받지 못하고 있다).

선생님과의 협업을 위한 팁

　자녀의 선생님은 부모님의 편입니다. 선생님과 보다 나은 관계를 형성할수록 아이와 선생님과 당신이 보다 원활한 한 해를 보낼 수 있을 것입니다. 선생님은 아이들을 사랑하고 아이들이 잘 배우고 성장하기를 바라기 때문에 이 직업을 선택한 것입니다. 다음 26가지 팁은 선생님이 성공적으로 당신의 자녀를 도울 수 있도록 지원하는 방법들을 알려 줍니다.

469 새 학년이 시작되면 첫째 주가 지나기 전에 선생님에게 자녀가 ADHD로 인해 어려움을 겪고 있음을 알려 드리세요. 선생님이 스스로 알아낼 때까지 이 사실을 감춰 두는 것은 선생님에게나 아이에게나 공정하지 못한 것입니다. 그 후에 선생님에게 한 페이지 정도의 짧은 편지를 통해 지난 학년에서 아이에게 효과가 있었던 네다섯 가지의 대처기술을 정리해서 드리세요.

470 학년 초기에 교실에서 발생할 법한 아이의 행동과 과거에 그 행동에 대처하는 데 효과적이었던 방법들을 표로 만들어서 선생님에게 드리세요. 표는 3열로 작성하되, 1열에는 자녀가 가지고 있는 학습적·관계적·행동적 문제를 적고, 2열에는 그런 문제들을 예방할 수 있는 방법을, 3열에는 그런 문제들이 발생했을 때 이를 해결할 수 있는 방법들을 정리해 보세요.

471 선생님이 당신과 연락할 수 있는 방법을 알려 주세요. 당신의 휴대전화나 집 전화번호, 이메일 주소, 카톡 아이디 등을 알려 주세요. 선생님이 당신과 정보를 공유하기 쉽게 만들수록 당신과 더 자주 연락하게 될 것입니다.

472 선생님이 당신 자녀와의 관계를 어려워할 때 거기에 공감해 주세요. 선생님이 당신 자녀와 겪고 있는 것에 대한 이해를 표현해 주는 것은 선생님의 도움을 이끌어 내는 데 있어서 장기적인 효과를 가져다줄 것입니다.

473 자녀의 행동에 대해 방어적이 되지 않도록 하세요. 당신이 선생님과 같은 목표를 가지고 있음을 알려 준다면 선생님은 더 많이 노력하게 될 것입니다.

474 자녀의 선생님에게 ADHD에 관한 정보를 전해 드리기 전에 신중하게 생각하세요. 어떤 어른들은 그 장애에 대해 공부함으로써 혜택을 보지만, 또한 의도치 않게 선생님은 이에 대해 잘 모르고 당신은 더 많이 안다는 느낌을 전달해 줄 수 있습니다.

475 자녀의 선생님에게 직설적으로 요구하지 마세요. 요구에 긍정적으로 반응하는 사람은 거의 없습니다. "~해 주실 수 있으시겠어요?"와 같은 친절한 요청이 훨씬 더 잘 통할 것입니다.

476 선생님과 연락할 때는 짧게 요점을 전달하세요. 교사들은 업무가 많아 긴 편지를 읽거나 긴 음성 메시지나 전화를 듣고 있을 시간이 없을 것입니다.

477 자녀의 선생님이 당신의 요청을 수용하는 데 도움이 될 만한 준비물들을 제공해 주세요. 준비물에는 스티커, 상장, 포커칩(역자 주-포커 게임할 때 사용하는 칩), 행동기록표, 행복-보통-슬픔 표정이 그려져 있어서 선생님이 표시를 할 수 있는 색인 카드 등이 있습니다.

478 선생님과 파트너가 되세요. 교사는 당신의 자녀를 함께 교육하는 팀 동료이자 동맹입니다.

479 선생님의 역할에 대한 관점을 유지하세요. 선생님은 자녀의 학습을 위해 존재하는 것이지, 정신과 의사나 행동치료사 또는 심리상담사가 아닙니다. 선생님이 자녀의 문제를 해결해 줄 것이라고 기대하지 마십시오.

480 스스로 조력자가 되기 위해 학교 자원 봉사에 참여하세요.

478. 교사는 당신의 자녀를 함께 교육하는
팀 동료이자 동맹입니다.

481 자녀의 「504조」에 따른 편의제공계획(역자 주 - 학습에 장애가 있으나 특수교육 대상자는 아닌 학생들을 대상으로 제공되는 미국의 교육서비스제도, 국내에는 상응하는 제도는 아직 없다.)이 잘 운영되고 있는지, 조정이 필요하지는 않은지 모니터링하세요.

482 자녀 앞에서 선생님에 대해 긍정적으로 말함으로써 자녀가 선생님을 존경하고 선생님과 협동하는 것을 긍정적으로 느끼게 해 주세요.

483 선생님과 자녀 사이의 공통점을 찾아보세요. 아동들은 종종 선생님을 좋아할 때 수업에서 더 잘하도록 동기부여를 받습니다. 선생님과 무언가 공통점을 갖는 것은 당신의 자녀가 선생님에게 긍정적인 감정을 느끼도록 도울 것입니다.

484 선생님에게 당신의 자녀와 조용히 만나서 주의를 집중하거나 다시금 행동이 통제권 내에 들어오도록 아이를 촉진해 주는 비밀신호를 만들도록 요청하세요. 이는 당신의 자녀가 문제행동으로 인해 교실에서 집중의 대상이 되지 않도록 할 것입니다. 선생님이 비밀신호를 만든다면 당신의 자녀는 보다 더 관심을 갖게 될 것입니다. 선생님은 자신의 귓바퀴를 잡아당기는 제스처를 보일 수도 있고, 팔짱을 낄 수도 있고, 칠판에 시간을 적을 수도 있는 등 취하기 쉬운 다양한 동작을 통해서 선생님이 당신의 자녀에게 집중하고 있다는 것을 다른 학생들이 눈치채지 못하도록 할 수 있습니다.

485 선생님에게 당신의 자녀가 홀로 부적절한 행동을 하거나 활동에서 벗

어나더라도 때로는 혼자 일으켜 세우기보다는 학생 전체를 향한 일반적인 촉진신호를 사용해 주실 수 있는지 여쭤보세요.

486 자녀가 고의든 실수든 상관없이 책을 잃어버리는 문제를 줄이기 위하여 여분의 교과서를 요청하세요.

487 선생님에게 때로 아이의 사소한 품행문제를 무시하는 것이 적절하다고 생각될 때 이를 무시할 수 있는지 여쭤보세요. 이는 당신의 자녀가 학급에서 항상 문제를 일으키는 '나쁜' 아이가 되는 것을 줄여 줄 가능성이 있습니다.

488 선생님에게 아이가 불쑥 끼어들거나 훼방을 한다면 손을 들어 올린다든지, 옆 친구에게 말을 했다면 손가락을 입에 댄다든지, 아이가 듣고 있지 않을 때 귀를 가리킨다든지 하는 것과 같은 올바른 행동을 위한 신호를 사용해 주실 수 있는지 여쭤보세요.

489 어떤 숙제가 제출되었고, 어떤 점수를 받았고, 시험 점수가 어떤지를 체크할 수 있도록 선생님에게 주차별 성과보고서를 요청하세요.

490 선생님이 주차별 성과보고서를 작성하는 것이 수월하도록 그것을 만들고 출력해서 가져다 드리세요.

491 선생님에게 아이가 몸을 비틀거나 꼼지락거려도 야단치지 않고 허용해 주실 수 있는지 여쭤보세요. ADHD 아동이 움찔거리고 싶은 욕구를 조절할 수 있는 경우는 거의 없으며, 얌전히 앉아 있으라고 반복적으로 지적하는 것은 부정적인 교사-아동 상호작용을 빠르게 만들어 냅니다.

492 스퀴시나 스트레스 공처럼 손장난할 수 있는 물건을 지니고 있도록 허락해 주실 수 있는지 여쭤보세요.

493 한 가지 활동에서 다른 활동으로 넘어갈 때 해당 활동에 보다 더 주의를 집중할 수 있도록 당신의 자녀가 기지개를 켜는 시간을 잠시 주실 수 있는지 여쭤보세요. 이렇게 하는 것은 자녀가 활동을 쉽게 전환할 수 있도록 도움을 줍니다.

494 선생님이 아이에게 기울여 주는 모든 노력에 대해서 감사하세요.

특수교육에 대한 팁[※]

ADHD는 학급에 큰 혼란을 일으킵니다. 다행스럽게도 ADHD 아동이 적절하게 교육받고 필요한 도움을 받을 수 있도록 하는 법안들이 존재합니다. 만일 아이가 학습 문제를 가지고 있다면, 특수교육이 해결책이 될 수도 있습니다. 특수교육의 세계 속에서 길을 찾기 위해서는 알아야 하는 것이 매우 많습니다. 여기에 나온 50가지 팁은 가장 중요한 정보들을 제공해 줄 것입니다.

495 자녀가 학교 생활이나 숙제 때문에 아주 많이 힘들어한다면 교장 선생님에게 편지를 써서 특수교육에 적합한지 아닌지를 확인하기 위한 특수교육평가를 요청하세요(역자 주-국내의 경우, '특수교육대상자 선정·배치 신청서'를 작성해 교육감이나 교육장에게 제출하게 된다). 당신의 자녀에 대해 학교와 상의할 수 있도

※ 미국의 경우에 해당되므로 국내의 경우는 해당되지 않는 경우도 있다.

록 각 특수교육 회의에 대한 알림을 받게 될 것입니다.

496 특수교육에 관한 법을 배움으로써 정보에 밝은 이용자가 되세요. Wrightslaw(www.wrightslaw.com)는 특수교육 관련 법과 지원을 위한 정보를 얻기에 유용한 웹사이트입니다(역자 주 - 국내의 경우, 국가법령정보센터 https://www.law.go.kr에서 특수교육으로 검색 가능하다).

497 특수교육이 아이들에게 낙인찍히게 할 것이라는 추측은 잊어버리세요. 학교는 아이들이 낙인찍히지 않고 필요한 특수교육에 대한 욕구를 충족시키기 위하여 오랫동안 공들여 왔습니다.

498 자녀의 학교에서 제공되는 특수교육 프로그램을 주의 깊게 들여다보세요. 놀랄 만큼 만족스러울 것입니다.

499 일반 학급이 특수교육 학급보다 더 나을 것이라고 가정하지 마세요. ADHD에 대한 경험 있는 교사가 가르치는 특수교육 종일반을 다니는 아동들의 수행이 훨씬 뛰어난 경우가 많습니다.

500 ADHD라는 것만으로 자동적으로 특수교육에 적합하게 되는 것은 아니라는 점을 이해하세요. 해당 장애가 당신 자녀의 접근 능력과 교육적 유익에 방해가 될 정도여야만 합니다(역자 주 - 국내의 경우, ADHD 증상만으로는 특수교육에 이르지 못하고 정서 · 행동장애로 판정을 받아야 한다).

501 자녀가 특수교육을 받을 권리에 대해 알아 두세요. 하지만 그 지식을 공격적으로 사용하지는 마세요. "저는 제 권리를 알아요!"라고 하기보다는 "미연이가 검사를 받을 수 있는 날짜가 60일 정도 된다고 아는데요. 우리가 언제 일정을 잡을 수 있을까요?"라고 하는 것이 훨씬 나은 반응을 얻게 될 것입니다.

502 특수교육과정에 허입되는 데에는 시간이 걸린다는 것을 기억하세요. 먼저, 어떤 평가과정이 진행될 것인지에 대한 세부사항이 문서화되어야 합니다. 그 내용에 동의하고 난 다음에 당신의 자녀가 검사를 받게 될 것입니다. 마지막으로, 특수교육이 적합한지, 만일 적합하다면 어떤 형식으로 이루어질지를 결정하는 회의가 개최될 것입니다. 이 과정은 수개월이 걸릴 수 있습니다.

503 개별화교육계획 과정에 익숙해지세요. 개별화교육계획은 교육 효과에 영향을 주는 장애를 가진 학생들이 공립학교를 다닐 경우 받을 수 있는 개인 교육 지침입니다. 이것은 풀타임 특수교육수업, 지원수업, 일대일 보조, 그 외에 당신의 자녀를 지원하기 위한 다양한 수단을 제공할 수 있습니다.

504 자녀가 간단한 조정이나 수정만으로 극복할 수 있는 어려움을 겪고 있는 경우, 「504조」에 따른 편의제공계획(역자 주 - 481번 참고)이 개별화교육계획에 대한 대안이 된다는 것을 알아 두세요. 「504조」에 따른 편의제공

계획에 대한 참고표는 수전 애슐리(Susan Ashley)의 『The ADD & ADHD Answer Book』(학지사 번역 출간 예정)에서 찾아볼 수 있습니다.

505 「504조」에 따른 편의제공계획(역자 주-481번 참고)에 기록할 요구사항의 개수를 현실적으로 생각하세요. 도움이 되지만 아무도 적용할 수 없는 지침이 백 가지는 넘을 것입니다.

506 세 개부터 열 개 사이의 요청 정도가 선생님이 실행할 수 있는 현실적인 숫자일 것입니다.

507 요구할 「504조」에 따른 편의제공계획(역자 주-481번 참고)을 만드는 데 자녀를 참여시키세요. 자녀가 무엇을 생각하는지를 묻는 것이 자녀가 현재 가지고 있는 어려움을 아는 데 도움이 될 것입니다.

508 특수교육 팀에 정보를 제공할 때는 구체적으로 해야 합니다. "지민이는 숙제를 하려면 밤을 세워야 해요."와 같은 모호한 정보 대신에 "지민이는 받아쓰기 단어 20개를 적는 데만 두 시간이 걸려요. 책의 다섯 페이지를 읽는 데는 보통 한 시간이 걸려요. 수학에서는 아무런 어려움을 겪지 않아요."와 같이 보다 구체적으로 말씀하세요.

509 자녀가 숙제를 하는 능력, 수업 시간의 수행 수준, 학교 규칙의 준수, 놀이터에서의 행동, 확장된 과제에 대한 수행, 숙제 받아 적기, 숙제 제출 등

에 대해 관찰하여 기록된 목록을 특수교육 회의에 가지고 가세요.

510 교실과 숙제에 관한 것을 포함해, 자녀에 대해 도움이 될 만하다고 생각한 아이디어들의 목록을 준비해 가세요.

511 성적표, 연례 학업성취도검사 점수, 선생님의 기록, 개별화교육계획, 시험 점수와 보고서, 「504조」에 따른 편의제공계획(역자 주-481번 참고) 그리고 자녀의 교육과 관련된 다른 모든 기록된 문서가 포함된 특수교육 노트를 만드세요.

512 학교와 주고받은 모든 연락을 문서화하고 특수교육 노트에 보관하세요.

513 자녀의 특수교육 노트를 카테고리별로 정리하고 날짜 순서대로 문서를 정리하면 연도별 자녀의 성장 과정을 한눈에 보기가 수월해질 것입니다.

514 자녀가 SAT(역자 주-미국 수능시험)에서 추가 시간이나 대학에서의 「504조」에 따른 편의제공계획(역자 주-481번 참고)을 요구하기 위해서는 수년간 장애가 존재해 왔다는 증거를 제출할 필요가 있습니다. 부모님의 특수교육 노트가 자녀를 위해 필요한 문서작업에 자료를 제공해 줄 것입니다(역자 주-국내의 경우, 현재는 시각장애와 지체장애를 제외하고는 시간 지원을 해 주는 제도는 없다).

515 특수교육 회의(역자 주-부모님과 학교 특수교육 담당자들과의 회의)를 부모님과

학교 사이의 싸움으로 여기기보다는 자녀를 도울 계획을 수립하는 회의로 봐야 합니다.

516 부모님이 특수교육 회의에 임하는 태도가 무엇이건 간에 그것이 부모님이 얻는 바가 될 가능성이 높습니다. 부모님이 싸우려는 태도로 참석한다면 틀림없이 일이 일어날 것입니다.

517 특수교육 팀이 당신의 자녀를 위해 얼마나 노력할지는 그들이 부모님을 어떻게 느끼는지와 어느 정도 관련될 수 있습니다. 사실, 특수교육 팀이 따라야 하는 지침이 있기는 하지만, 인간의 본성에 따라 자신이 더 긍정적으로 느끼는 대상을 향해 추가적인 노력을 기울이기도 합니다.

518 만일 당신이 특수교육 회의 내용을 녹음할 것이라면 녹음을 시작하기 전에 허락을 구하십시오. 주 정부의 법에 따른 요구사항이기도 하거니와 그것이 존중하는 태도입니다(역자 주 - 2021년 현재 국내법상으로는 본인이 일원으로 참여하는 대화에 한해 녹취 고지의 의무는 없다).

519 모일 때마다 자신이 말하고 싶은 것과 특수교육 팀(혹은 특수교육 지원 담당자)에 듣고 싶은 것, 회의가 끝날 때까지 해결하기 원하는 것을 체크리스트에 적어 가세요. 이렇게 함으로써 당신에게 중요한 것을 잊어버리지 않고 다룰 수 있습니다.

520 팀플레이를 하는 태도를 가지세요. 스스로를 자녀를 돕기 위해 조화롭게 일하는 특수교육 팀의 일원으로 여기세요.

521 학교를 적으로 보지 마세요. 부모님의 부정적인 태도는 무엇이든 학교를 빠르게 적으로 만들 수 있습니다.

522 특수교육 팀이 당신의 자녀를 돕기 원한다는 것에 대해 낙관적인 관점을 유지하세요. 각각의 팀 구성원들이 아이들을 돕기 위해 직업을 선택한 만큼, 그들이 당신의 자녀도 돕기 원한다고 가정하세요.

523 당신 자신을 전문적으로 보이게 하세요. 특수교육 회의에서는 점잖고 사무적인 복장을 갖춰 입으세요. 일찍 도착하세요. 휴대전화는 꺼 두세요. 펜과 메모장과 함께 특수교육 노트를 지참하세요.

524 특수교육 팀과 서로 존중하는 태도를 주고받으세요.

525 지지는 높이되 불쾌지수는 높이지 마세요. 식초보다 꿀이 더 많은 파리를 잡을 수 있습니다.

526 특수교육 회의는 학부모를 압박할 수 있습니다. 조금 긴장될 것을 예상해 두세요. 충분한 지식을 갖추고 준비되고 편안한 상태를 유지하기 위해 최선을 다하세요.

527 당신 자신이 화가 났다고 느끼거나 울거나 나중에 후회할 말을 하기 직전이라고 느껴진다면 주제를 변경하도록 요청하십시오("이것은 제게는 힘든 문제입니다. 나중에 다시 얘기해도 될까요?"). 또는 짧은 휴식을 요청하세요("우리 5분쯤 휴식할 수 있을까요?").

528 개별화교육계획이나 「504조」에 따른 편의제공계획(역자 주 - 481번 참고)에 반드시 서명할 필요는 없다는 것을 알아 두세요. 걱정이나 망설임이 있다면 검토할 시간을 가지고 싶다고 말할 권리가 있으며, 이후에 특수교육팀과 접촉할 수 있습니다.

529 압박을 무시하십시오. 특수교육 팀이 아이를 도우려고 하는 만큼 대부분의 특수교육 회의는 원활하게 진행되므로 거의 걱정할 필요가 없습니다. 엄포를 놓고 있다고 느껴진다면 먼저 그것이 자기 자신의 불안에서 비롯된 것이지 특별교육 팀이 당신에게 그렇게 하기 때문이 아니라고 생각하세요.

530 압박에 대응하지 마세요. 결국 압박을 받는다고 느낀다면 그것은 자녀에게 필요하다고 생각하는 것을 못 얻고 있거나, 아마도 자신이 좋아하지 않는 계획에 동의해야 할 압력을 느끼고 있다는 의미일 것입니다. 이는 특수교육계획에 서명하는 것을 연기하고 집에 가지고 가서 다시 살펴보기에 적절한 타이밍입니다.

531 사립학교가 공립학교보다 나을 것이라고 가정하지 마십시오. 많은 공립학교가 ADHD 아동을 위한 훌륭한 프로그램을 운영하고 있습니다.

532 법적으로 사립학교는 특수교육 서비스를 제공할 필요가 없으며, ADHD 아동에게 「504조」에 따른 편의제공계획(역자 주-481번 참고)을 제공할 필요가 없습니다. 사립학교가 ADHD 아동의 필요를 채울 수 없다면 최상의 교육환경은 아닐 것입니다(역자 주 - 국내의 경우, 공립학교와 사립학교의 환경이 유사하다).

533 자녀에게 특수교육이 필요하다면, 아이가 심리전문가에게 개인평가를 받아 볼 것을 진지하게 고려해 보세요. 개인심리평가는 학교에서 의무적으로 수행하는 것 이상의 폭넓은 검사를 시행합니다.

534 학교에서 받은 평가 결과가 곧 진단을 의미하지는 않는다는 것을 알아 두세요. 평가는 "이 아동이 특수교육을 받을 자격이 있는가?"라는 질문에만 대답하도록 고안되었습니다.

535 학교가 자녀에게 해 줄 수 있는 것에 대해 현실적인 기대를 하십시오. 학교는 아이들을 교육하기 위한 곳입니다. 부모 스스로 하거나 외부 서비스를 통하여 자녀를 도울 것인지 등 무엇을 하든지 그것은 당신에게 달린 것입니다.

536 특수교육 프로그램이 자녀의 모든 필요를 채우는 데는 충분하지 않

다는 사실을 받아들이세요. 학교 밖에서 추가적인 서비스를 찾아야 할 가능성이 높습니다.

537 「504조」에 따른 편의제공계획(역자 주 - 481번 참고)이나 개별화교육계획은 아이의 성공을 위한 동등한 기회를 보장하는 것이라는 점을 깨달으세요. 이것이 당신 자녀의 성공을 보장하는 것은 아닙니다. 그것은 당신과 자녀에게 달린 것입니다.

538 학교가 자녀의 특수교육평가를 수락하지 않거나, 평가 후 서비스를 제공하지 않기로 하였다면 다음 단계는 두 번째 회의 소집을 요청하는 것입니다. 특수교육 법률 자문가(역자 주 - advocate: 변호사 자격증 없이 법률 자문을 제공할 수 있는 미국의 직업)를 대동하도록 하세요. 학부모법률자문가위원회(The Council of Parent Attorneys and Advocates)는 온라인 인명록을 제공합니다.

539 특수교육 회의에 접근할 때에는 다음의 주문을 외우세요. "처음엔 혼자일 수 있지만, 두 번째도 혼자인 건 말도 안 돼." 자녀가 특수교육을 거부당했거나 제공되는 서비스가 부적절하거나 부적합하다고 생각된다면 특수교육 법률 자문가(역자 주 - 538번 참고)를 고려해 보세요. 혼자서 당신이 원하는 계획을 받아 내기 위해 노력하지 마세요. 당신 자녀의 적절한 교육 타이밍만 놓칠 뿐입니다.

540 자녀가 두 번째 회의에서도 서비스를 거부당했으나 자격이 있다고 믿

는 경우에 다음 단계는 적법 절차 청문회(due process hearing)를 신청하는 것입니다. 특수교육 팀에게 적법 절차 청문회에 대한 서면 정보를 요청하기만 하면 됩니다. 법적으로 그들은 당신에게 이 정보를 제공할 의무가 있습니다.

541 적법 절차 청문회는 당신이 변호사를 고용할 필요가 있음을 말하는 것입니다. 법률상담 없이 법적 절차를 진행하지 마세요. 학교는 담당 변호사가 있을 것이므로 당신도 그래야만 합니다.

542 학교를 고소하겠다고 협박하지는 마십시오. 자녀에게 필요하다고 느끼는 서비스를 받지 못하면, 특수교육계획에 서명하기 전에 정중하게 다시 살펴보기를 원하며 다시 팀으로 돌아오겠다고 말하세요. 집으로 돌아와서 특수교육 법률 자문가(역자 주-538번 참고)나 변호사에게 연락하세요.

543 특수교육 법률 자문가(역자 주-538번 참고)나 변호사를 특수교육 회의에 대동하려고 한다면 미리 팀에게 알리세요. 특수교육 팀이 갑자기 기습을 당했다는 느낌을 받지 않을수록 더 긍정적으로 반응할 것입니다.

544 특수교육 법률 자문가(역자 주-538번 참고)나 변호사를 고용하는 것은 적대적인 상황이 발생한다는 의미이므로 특수교육 팀이 당신을 더 경계하더라도 놀라지 마십시오. 공손한 태도를 유지하면서 당신이나 자녀에 대한 어떤 부적절한 행동이 취해진다면 특수교육 법률 자문가나 변호사에게 알리십시오.

방과 후 활동을 위한 팁[※]

방과 후 활동은 균형 잡힌 삶을 위한 중요한 부분입니다. ADHD를 겪는 많은 아이가 전통적인 방과 후 활동에서 또래와 어울리는 데 어려움을 겪습니다. 집중할 수 없다는 것은 축구나 농구를 잘하기 어렵게 만듭니다. 과잉행동과 충동성이 스카우트 활동에서 다른 아이들을 짜증나게 합니다. 컴퓨터나 비디오게임에 몰입하는 점은 집 밖으로 끌어내기를 어렵게 합니다. 이러한 도전들은 당신 자녀의 방과 후 활동을 찾아 주기 위해 고정관념에서 벗어나 생각할 필요가 있음을 의미합니다. 다음 28가지 팁은 당신 자녀에게 꼭 맞는 활동을 찾는 데 도움을 줄 것입니다.

545 방과 후 활동은 재미를 위한 것입니다. 만일 아이가 재미를 느끼지 못

※ 이 절의 방과 후 활동이란 보통 '과외활동'이라고 번역되므로, 이 책에서도 우리 나라에서 부모에게 친숙한 개념인 '과외활동'으로 번역한다. 여기서는 학교의 방과 후 활동뿐만 아니라 학원, 동아리 등의 활동을 포함한다.

한다면 아이에게 계속 활동에 참여하거나 더 열심히 노력해 보라고 할 근 거도 없는 것입니다.

546 어떤 ADHD 아동에게 팀 스포츠는 아주 힘든 것이 될 수 있습니다. 만일 아이가 활동을 즐거워하지 않는 것 같고 코치나 동료들과 항상 문제가 생긴다면 아이에게 맞는 활동이 아닐 수 있습니다.

547 특히 아버지들은 자녀와 한 팀이 되어 활동하는 것을 통해 얻는 경험으로 유익을 주고 싶어 그 활동을 그만두게 하기 어려울 것입니다. 자녀가 팀에서 잘 활동하지 못하고 팀 스포츠를 하면서 지속적으로 만족하지 못한다면, 얼마만큼 밀어붙이는지와는 상관없이 자녀는 그 경험에서 유익을 얻을 수 없습니다.

548 개인 스포츠는 팀 스포츠와 어울리지 않는 아이들에게 더욱 좋습니다.

549 팀 스포츠의 대안으로 다이빙, 수영, 육상, 자전거, 산악자전거, 체조, 댄스, 무술, 볼링, 승마 및 골프를 고려해 보세요. 이것들은 팀 스포츠만큼이나 유익할 수 있습니다.

550 스포츠를 즐기거나 잘하지 않지만 여전히 팀에 속하기를 원하는 아이의 경우, 코치에게 통계기록원, 팀 사진사 또는 장비 관리자로 역할을 맡겨 달라고 요청해 보세요.

551 아이를 야외에서 놀게 하십시오. 최근의 연구는 부모들이 수 세기 동안 이미 알고 있었던 것, 즉 바깥에서 노는 것은 아이들의 기분과 행동에 좋은 영향을 준다는 사실을 확인했습니다.

552 실외에서 자유놀이를 하게 함으로써 아이가 자신의 에너지를 즐기고 규칙(물론 안전규칙은 제외)과 조직에서 벗어날 수 있는 시간을 가지도록 하세요.

553 처벌로 방과 후 활동을 없애지 마세요. 방과 후 활동은 자녀가 특권을 잃음으로써 얻게 될 것보다 훨씬 큰 유익을 줄 것입니다.

554 방과 후 활동이 꼭 스포츠일 필요는 없습니다. 취미는 스포츠만큼이나 가치 있고 재미있으며 얻는 것이 있습니다.

555 자녀를 위한 방과 후 활동이나 취미를 찾는 데 창의적이 되십시오. 수채화, 그림, 공예, 사진, 코바늘 뜨개질, 털실 짜기, 바느질, 케이크 장식, 요리, 남북 전쟁 재연, 영화 제작, 애니메이션, 연기, 스탠드업 코미디, 마술, 시에라 클럽(역자 주 - 민간환경운동단체) 하이킹, 스키, 스노보드, 스케이팅, 체스 등은 아이들이 즐겁게 참여할 클럽이나 과정에 해당되는 취미의 예시입니다.

556 아이가 자신이 좋아할 만한 활동을 탐색하도록 도와주세요. 아이와 함께 활동에 대해 책을 찾아보고 활동이 이루어지고 있는 곳을 방문하고 아이가 관찰하게 하십시오.

555. 자녀를 위한 방과 후 활동이나 취미를 찾는데 창의적이 되십시오.

557 당신이 아니라 아이가 관심 있어 하는 활동을 선택하도록 하세요.

558 자녀가 활동에 등록하기 전에 체험 방문을 할 수 있는지 활동 지도자에게 문의하세요.

559 자녀가 당신이 함께 수업을 듣는 곳이나 부모와 자녀가 함께 활동하는 모임을 좋아할 수도 있습니다.

560 방과 후 활동에 필요한 장비는 빌리거나 대여하세요. 비용을 절감할 뿐 아니라 자녀가 그만둘 경우 즐거워하지도 않는 활동을 계속하라고 요구할 이유를 줄여 줍니다.

561 피아노 교습과 같이 방과 후 활동이 연습이 필요한 것이라면, 당신과 자녀 사이의 싸움이 생기기 전에 한 번 더 대화의 기회를 만들 수 있습니다. 아이에게 연습을 시킬 것인지 아닌지, 시킨다면 연습을 위해 얼마나 많은 시간과 노력이 들지, 당신 자신과 아이의 기분이 어느 정도로 상하게 될지를 생각해 보세요. 아마도 아이는 노래 수업을 좋아하지만 연습하는 것은 좋아하지 않을 수 있습니다. 직업 가수가 되는 것이 목표가 아니라면 그냥 레슨을 즐기도록 하세요. 아이는 음악 수업에 참여하게 되고, 이 점에 대해서는 서로 싸울 필요가 없습니다.

562 당신이 연습에 함께한다면 아이는 수업 사이에 연습하는 것을 좋아할

수도 있습니다. 당신 자신이 레슨을 받고 집에서 함께 연습할 것을 고려해 보세요.

563 당신이 청중 역할을 해 준다면 아이는 자신의 기술을 더 연습하고 싶어 할 것입니다.

564 자녀가 등록하기 전에 방과 후 활동 지도자와 대화하십시오. 지도자가 당신의 자녀가 보이게 될 문제들이 어떤 것인지를 알고 있는지, 지도자가 그것을 관리하고자 하는 의지와 능력이 있는지를 확인하십시오.

565 성과보다 방과 후 활동이 주는 즐거움 자체로 격려하세요. 많은 ADHD 아동은 자존감이 너무 낮아서 실패라고 느끼는 것을 견딜 수 없으며, 즉시 포기하기를 원합니다. 실력이 아니라 재미를 강조하세요.

566 자녀가 즐거워하는 것이라면 무엇이든지 방과 후 활동이 될 수 있으며 꼭 음악이나 스포츠일 필요는 없습니다. 많은 ADHD 아동이 포켓몬 동호회에서 커다란 행복감을 느낍니다. 자녀가 즐거워하는 활동을 탐색해 보세요. 컨벤션, 쇼, 잡지 및 경연 대회를 통해서 참여 기회를 얻을 수 있습니다.

567 자녀가 실제로 즐기고 있는 것을 발견하고 그에 관련된 클럽을 찾으세요.

568 자녀의 관심을 끌 만한 클럽이 없다면 직접 시작하십시오. 자녀의 관심사와 관련된 클럽에 참여하고 싶어 하는 아이들이 있을 수 있습니다.

569 방과 후 활동은 자녀에게 자신이 무엇인가 잘할 수 있다는 느낌을 줄 수 있습니다. 만일 자녀가 학교를 힘들어하고 학업성취도가 낮다면 이 점은 매우 중요합니다.

570 방과 후 활동은 당신의 자녀가 사회적으로 소속되었다고 느끼는 곳이 되어 줄 수 있습니다. 학교에서 놀림받거나 따돌림이나 거절을 당하는 아이들에게는 특별히 중요합니다. 학교에서 벗어난 활동은 완전히 다른 사회적 경험을 제공할 수 있습니다.

571 한 단계 높은 태권도 띠를 받을 때까지, 기타 연주곡 한 곡을 배울 때까지, 또는 다섯 번의 노래 수업을 참여할 때까지 등과 같이 한 시즌을 정해서 특정 기간 동안 방과 후 활동에 참여하도록 자녀와 합의해 보세요. 활동이 참을 수 없는 고통을 유발하지 않는 한, 자녀가 동의한 기간을 마칠 수 있도록 해 보세요. 이것은 인내심을 강화하고 아이가 단지 무언가에 능숙하지 않다는 것만으로 즉시 그만두지는 않도록 해 줄 것입니다.

572 기간이 짧은 방과 후 활동에 등록하세요. 1년보다는 6주에서 8주간 진행되는 프로그램이 더 낫습니다.

숙제를 위한 팁

숙제와 같은 것이 없다면 ADHD 아동과 함께 살아가는 가족의 삶은 더 행복해질 것입니다. 부모님이 자녀와 겪는 가장 큰 다툼거리는 숙제에 관한 것입니다. ADHD 아동이 실제 숙제를 하는 시간보다 꾸물거리고 미적거리며 우는 등의 행동을 하는 데 더 많은 시간을 보내는 것은 이상한 일이 아닙니다. 어떤 아동에게는 숙제를 하는 데 쓰는 시간이 그들의 삶에서 가장 끔찍한 시간 중 하나에 속할 것입니다. 숙제를 없애 버릴 수는 없으므로 ADHD 아동의 이러한 증상들에 어떻게 대처할지를 배워야 합니다. 다음 51가지 팁은 숙제를 보다 쉽게 만들어 줄 것입니다.

573 만일 자녀가 너무 많은 양의 숙제를 받았다면 선생님에게 양을 줄여 달라고 부탁해 보세요. 만일 선생님이 숙제를 줄여 주고 싶어 하지 않아 하신다면 아동의 개별화교육계획이나 「504조」에 따른 편의제공계획(역자 주-481번 참고)에 기초하여 요구해 보세요.

574 숙제에 대한 연구 결과를 보면 초등학교에서는 학업성취에 거의 영향을 주지 못하고, 중학교에서는 약간만 영향을 준다는 것을 알아 두세요. 고등학생이 되어서야 숙제를 하는 것이 학업성취 향상에 도움이 될 것입니다. 이러한 사실은 숙제를 하기 위하여 반복적으로 밤새 싸우는 전쟁이 자녀와의 관계를 악화시킬 뿐 사실은 반복적으로 싸울 가치가 없음을 분명히 합니다.

575 자녀의 숙제를 도와줄 준비를 하세요. 이는 같은 방이나 옆방에 있어서 접근이 쉽도록 하는 것을 의미합니다. 자녀가 혼자서 숙제를 할 거라고 기대하지 마세요.

576 어쩌면 자녀는 자신이 숙제하는 시간 전체에 부모님이 옆에 있는 것이 필요할 수 있습니다. 만일 그렇다면 혼자 하도록 야단을 치는 대신에 같이 있을 수 있도록 시간을 조정하세요.

577 당신이 그래야 한다고 생각하는 것보다 더 나이가 많아질 때까지 숙제를 도와주어야 할 것을 예상하세요(중학교 졸업할 때까지가 보통입니다). ADHD 아동은 일반 아동에 비해 숙제를 혼자서 수행하는 능력을 발달시키는 데 훨씬 더 오랜 시간이 걸릴 수 있습니다.

578 숙제에 필요한 모든 준비물을 하나의 잘 정돈된 보관함 안에 넣어 숙제 시간에 탁자에 꺼내 둬 보세요. 이는 스테이플러, 지우개, 필기구 등을

찾는 시간을 줄여 줄 것입니다. 또한 자녀가 무엇을 찾기 위해 탁자에서 일어나는 시간을 줄여 줄 것입니다.

579 숙제용 준비물 보관함에는 연필, 펜, 지우개, 수정액, 포스트잇, 가위, 자, 클립, 스테이플러, 스테이플러 심 제거기, 테이프, 다색 형광펜, 계산기, 각 과목별 암기 카드, 펀치뿐만 아니라 선생님이 요청한 것은 무엇이든지 있어야 합니다.

580 일 년 내내 자녀에게 필요할 수 있는 일반적인 학용품들을 담아 두는 예비 도구함을 만들어 두세요. 그러면 자신이 무엇이 필요하다고 밤새도록 말하는 소리를 듣지 않아도 될 것입니다. 이러한 물품에는 테이프, 하드보드, 색깔 펜, 각도기, 공책, 파일 등이 포함됩니다.

581 숙제는 짧은 간식 시간 후, 온갖 재미있는 것들이 시작되는 자유시간 전에 마치도록 합니다.

582 역지사지입니다. 자녀는 숙제를 하고 싶어 하지 않는 데다가 혼자 앉아 있기까지 하면 기분이 더 나빠질 것입니다. 공부하는 동안에는 같이 앉아 있어 주세요.

583 숙제하는 동안에는 자녀가 외부와 소통을 하는 모든 요소를 꺼 두도록 하세요. 여기에는 휴대전화, 이메일, 컴퓨터 외에도 숙제를 방해하는 모

든 수단이 포함됩니다.

584 자녀가 책을 집으로 가지고 오는 것을 잊어버리는 문제를 해결할 수 있도록 선생님에게 집에 보관할 여분의 교과서들을 요청해 보세요.

585 자녀가 숙제를 잊어버렸을 때 시킬 만한 문제집을 몇 권 준비해 보세요. 이렇게 하면 아이가 집에 가져오는 것을 잊어버린다고 숙제에서 벗어날 수 없다는 것을 배울 것입니다.

586 최소한 한 명의 다른 학부모와 숙제 동아리를 만들어서 다른 아이의 숙제를 도와줘 보세요. 당신의 자녀는 당신과 하듯 다른 부모와 다투지는 않을 것입니다.

587 숙제 동아리에서 숙제가 끝나자마자 바로 할 수 있는 재미있는 활동을 계획하여 아이들이 기대할 만하게 해 보세요.

588 밖에서 놀기, 컴퓨터 시간, 놀이 약속 같이 숙제가 끝나자마자 즉각 받을 수 있는 보상을 계획하여 아이가 무엇인가 즐거운 시간을 보내도록 해 보세요.

589 단어 하나에 1점, 수학 문제 하나에 1점과 같이 숙제의 문제를 하나 풀 때마다 1점씩 주세요. 1점이라는 즉각적인 보상을 통해서 아이가 숙제

를 하고자 하는 동기를 향상시킬 것입니다. 아이는 나중에 점수를 보상이나 특권으로 교환할 수 있도록 합니다.

590 각 문제를 풀거나 몇 문제를 풀 때마다 즉각적인 보상으로 젤리빈이나 M&Ms 초콜릿 같은 작은 먹거리를 제공해 보세요. 만일 숙제가 저녁 일찍 끝난다면, 아이가 숙제를 하는 동안 간식을 먹도록 할 수 있을 것입니다. 만일 저녁 식사 시간과 너무 가깝다면, 간식을 밤에 후식으로 먹을 수 있도록 모아 둡니다.

591 자녀가 숙제를 하는 장소를 다양하게 해 보세요. 공원에 데리고 가거나, 도서관, 호숫가, 뒷마당, 대학 캠퍼스 또는 카페에 데리고 가 보세요. 다양함은 흥미를 더해 주고 지루함을 줄이는 데 도움이 됩니다.

592 집에서 자녀가 숙제하는 장소를 다양하게 해서 색다름을 경험하게 해 보세요.

593 자녀가 자기 방에서 숙제를 하도록 하는 것은 잊어버리세요. 방에서 혼자 할 수 없으며, 오직 아이의 좌절감, 꾸물거림, 산만함만 부추길 뿐입니다.

594 부엌 탁자나 식탁, 또는 거실 테이블처럼 당신을 쉽게 찾을 수 있는 장소에서 숙제를 하도록 하세요.

595 날마다 학교 또는 활동이 끝난 직후에 숙제 일정을 만들어 두세요. 숙제 시작이 늦어질수록 아이는 더 피곤해하고 더 많은 어려움을 겪게 됩니다.

596 식탁 둘레에 각 과목의 숙제를 위한 정거장을 만들어 보세요. 의자 하나에서 받아쓰기, 그 옆에서 수학, 다른 곳에서 과학 등 아이가 숙제를 하다가 옮겨 가고 싶을 때 옮겨 가고 돌아다닐 수 있게 해 주세요. 이는 아이가 느끼는 지루함을 해소해 주고, 한 과목에서 좌절감을 느낄 때 쉴 수 있게 해 주며, 변화를 통해 자극을 유지시켜 줍니다.

597 시간을 재는 것은 자녀가 더 빨리 숙제를 하도록 격려하는 재미난 방법입니다. 타이머를 아이가 볼 수 있는 곳에 두고 스무 단어 받아쓰기나 수학 문제 열 개 풀기 등 그 과제를 끝내는데 걸릴 것 같은 시간보다 1~2분 정도 여유 있게 맞춰 보세요. 타이머가 끝나기 전에 마무리한다면 아이는 점수나 간식, 또는 특권을 얻게 됩니다.

598 아이가 숙제를 하는 동안 몸을 움직일 수 있도록 하세요. 꼼짝 않고 의자에 앉아 있는 것은 ADHD 아동에게는 힘든 것입니다.

599 아이가 원한다면 의자에 무릎을 꿇고 앉거나 책상 위에 일어서는 것을 허락해 주세요.

600 아이가 신체적으로 편안할 수 있도록 쓰기 과제를 할 때가 아니라면 빈백의자를 사용할 수 있게 해 주세요.

601 아이가 잠깐 간식을 먹거나 기지개를 켜거나 화장실을 갈 수 있도록 짧은 쉬는 시간을 일정한 간격으로 줘 보세요. 어떤 아이들은 짧은 쉬는 시간 뒤에 더 잘하기도 합니다. 하지만 어떤 ADHD 아동은 다시 공부로 돌아오는 데 더 큰 저항감을 느끼기도 합니다. 짧은 쉬는 시간이 도움이 되는지 시험해 보세요.

602 어려운 과제를 먼저 하도록 숙제를 구조화해 보세요. 자녀의 정신적 에너지가 최상일 때 하는 것이 좋습니다.

603 선생님에게 숙제에 대한 이메일을 날마다 보내 주실 의향이 있는지 물어보세요. 이는 자녀가 숙제를 작성하는 것을 잊어버리는 문제를 줄여 줄 것입니다.

604 선생님에게 숙제를 교실에서 큰 소리로 말해 주는 것뿐만 아니라 칠판에 적어 달라고 요청해 보세요. 아이가 듣고 보고 쓸 수 있도록 말입니다.

605 아이에게 해당 과목에 숙제가 없는 경우를 나타내는 '없음' 또는 '숙제×' 등을 적도록 가르치세요. 이렇게 하면 자녀와 부모님 모두 아이가 숙제를 받아 적는 것을 잊어버리지 않았다는 것을 알 수 있습니다.

606 선생님에게 아이가 그날의 숙제를 기록하기 위해 사용할 책가방에 거는 녹음기나 휴대전화를 사용하는 것을 허락해 달라고 요청해 보세요.

607 아이가 음성메모 녹음기를 사용하는 데 어려움을 겪는다면 선생님에게 녹음해 주시도록 부탁해 보세요.

608 아이가 숙제를 제출하는 것을 잊어버리지 않았는지를 확인할 수 있도록 선생님에게 조장이 숙제를 거두도록 해 주실 수 있는지 여쭤보세요.

609 선생님에게 책상에 숙제를 제출하기 위한 바구니를 두시도록 요청해 보세요.

610 선생님에게 아이의 숙제를 절반으로 줄여 주시되 배점은 유지해 주시도록 요청해 보세요. 이 요청은 「504조」에 따른 편의제공계획(역자 주 - 481번 참고)이나 개별화교육계획에 의해 작성될 수 있습니다.

611 아이가 숙제를 하는 데 제한된 시간만 주도록 하세요. 시간이 지나면 숙제가 다 안 끝났더라도 중단하도록 하세요. 매일 밤 몇 시간을 숙제 때문에 언쟁을 벌일 필요가 없습니다.

612 아이가 어느 과목을 쉽게 여기고 어느 과목을 가장 힘들어하는지 파악할 수 있도록 각 과제마다 걸리는 시간을 일지에 기록해 보세요. 이러한

정보를 가지고 어떻게 숙제를 할 것인지를 조직화해 보세요. 예를 들어, 가장 어려운 과목을 제일 먼저 한다든지, 가장 어려운 과제물은 짧게 나누어 쉬운 과제물과 섞어서 수행하도록 할 수 있습니다.

613 선생님이 합리적인 숙제의 양을 정하실 수 있도록 자녀의 숙제 시간 일지를 선생님과 공유해 주세요.

614 숙제 시간 일지를 활용하여 자녀가 숙제하는 방법을 재구성해 보세요. 어떤 과제물을 먼저 해야 하는지, 어떤 과목의 과외 교사가 필요한지, 어떤 과제가 추가적인 시간이 필요한지 등을 결정하는 데 도움이 될 것입니다.

615 일일숙제기록표를 컴퓨터로 작성해 주세요. 표의 열에는 각 과목, 과제물, 필요한 준비물, 기한, 제출일, 점수 등을 기록하세요. 아이가 학교에 갈 때마다 공책에 하나씩 끼워 주세요.

616 자녀의 각 과목에 색깔을 정해서 각각의 과목이 고유의 색깔을 가지도록 해 보세요. 색깔로 구분하는 것은 각 과목을 위해 필요한 것들을 떠올리게 하는 알기 쉬운 시각적인 신호입니다. 정해진 색깔로 교과서 덮개를 싸기, 해당 색깔을 일일숙제기록표와 암기 카드에 사용하기 등에 적용할 수 있습니다.

617 과외 교사를 고용하세요. 이것이 가장 돈을 잘 쓰는 방법일 것입니다.

대부분 고등학생이나 대학생 수준이면 충분합니다. 그 교사는 아이가 좋아하고, 동기부여를 해 주며, 숙제를 다할 때까지 집중시켜 줄 수 있는 사람이면 됩니다.

618 자녀가 학습장애를 가진 경우에만 특수교육 과외 교사를 고용하세요. 그렇지 않으면 자녀는 단순히 같이 앉아서 과제에 집중하도록 도와주고 구조화시켜 주는 사람이 필요할 뿐인데도 너무 많은 돈을 쓰는 것이 됩니다.

619 과외 교사를 고용할 수 없다면 다른 부모를 찾아 아이를 바꿔서 당신은 다른 아이의 교사가 되고, 다른 부모가 당신 자녀의 과외 교사가 되게 해 보세요. 이렇게 하면 무료이고 두 부모 모두 낙심하는 경우를 피할 수도 있습니다.

620 자녀가 과제를 하는 동안 참고할 수 있도록 분명한 설명을 크게 출력하여 두세요.

621 자녀가 참고할 지침을 강조해 주어 부주의한 오류를 줄여 주세요.

622 색깔 줄이 들어간 투명한 책받침 모양의 가림판을 사용하여서 아이가 자신이 읽을 줄만 보이고 위와 아랫줄은 보이지 않게 하는 도구를 활용해 보세요.

623 읽어야 하는 한 장(chapter)을 복사하고 교과서는 옆에 두세요. 작은 종이 뭉치는 책 한 권 전체보다 부담을 덜 주게 됩니다. 아이가 읽으면서 줄을 치거나 노트에 적을 수도 있습니다.

수학을 위한 팁

ADHD 아동의 경우에는 수학에 있어서 일정한 패턴이 없습니다. 일부는 좋아하고 일부는 싫어합니다. 일부 아동에게는 쉬운 반면, 다른 아동에게는 힘겨운 씨름이 되기도 합니다. 수학을 배우는 데 필요한 반복은 심지어 해당 과목을 좋아하는 아동에게도 저항감을 불러일으킵니다. 여기 수학을 더 재미있게 만드는 9가지 팁이 있습니다.

624 수학 숙제를 하는 동안 동전, 콩, 땅콩 등과 같이 만질 수 있는 도구를 활용하세요. 이 도구들은 시각적 힌트를 제공해 주고, 계산을 쉽게 해 주며, 수학을 실제 세상으로 옮겨 오게 해 줍니다.

625 수학 문제를 수행하기 위한 도구로 작은 간식을 활용해 보세요. 수학을 마치고 나면 아이가 그 간식을 먹을 수 있게 해 주세요. 젤리빈, M&Ms 초콜릿, 스키틀즈, 해바라기씨, 건포도 등과 같은 것들은 식욕을 방해하지

않는 작은 간식들입니다. 저녁 시간과 가깝다면, 이러한 간식들을 후식으로 먹을 수 있게 해 주세요.

626 수학을 아이가 좋아하는 것으로 바꾸어서 아이의 세계로 가져와 보세요. 8 곱하기 3이 얼마인지 묻는 대신에 다음과 같은 문제를 풀게 해 보세요. 3마리의 브론토사우루스로 구성된 8개의 공룡가족이 익룡을 찾고 있습니다. 몇 마리의 브론토사우루스가 익룡과 싸우게 될까요?

627 빼는 대신 더하거나 숫자를 잘못된 줄에 쓰는 것과 같은 부주의한 실수를 관찰해 주세요. 이는 셈하기를 빨리 해치우고 실수를 확인하지 않는 ADHD 아동들에게서 일상적으로 발생합니다.

628 모든 덧셈 기호를 한 색깔로, 모든 뺄셈 기호를 다른 색깔로 표시해서 부호 색깔을 혼동하지 않도록 도와주세요. 아이가 자라나면 스스로 표시하도록 할 수 있습니다.

629 아이가 문제를 시작하기 전에 시각적 힌트를 남겨 자신이 곱할지 나눌지를 확인하도록 수학 기호에 동그라미를 치게 가르쳐 보세요.

630 수학을 더 재미있게 하기 위해서 수학 컴퓨터 프로그램을 활용해 보세요. 컴퓨터를 사용한다면 거의 모든 것을 재미있게 할 수 있습니다.

631 숫자를 알맞은 줄에 맞춰 넣을 수 있도록 모눈종이를 활용해 보세요.

632 버튼을 누르면 숫자나 기호를 말해 주는 말하는 계산기를 활용하여
서 계산 오류를 방지할 수 있게 해 주세요. 음성피드백은 오류를 줄이는 데
도움이 되는 도구입니다.

읽기를 위한 팁

어떤 아동에게 독서는 큰 즐거움을 줍니다. 하지만 ADHD 아동에게는 힘든 활동입니다. 높은 수준의 읽기 능력을 가지고 있는 아동에게조차 읽기는 추가적인 노력과 정신적 에너지가 들어가며, ADHD 아동의 대부분은 이를 거부하게 될 것입니다. 읽기 능력은 지금과 앞으로 살아갈 날 동안 당신의 자녀에게 가장 중요한 학습기술이라 말할 수 있습니다. 왜냐하면 우리가 삶에서 하는 거의 모든 것이 읽기를 필요로 하기 때문입니다. 따라서 이것은 학부모가 포기할 수 있는 영역이 아닙니다. 다음에 제시된 33가지 팁이 당신의 자녀가 읽기를 학습하고 즐길 수 있도록 도와줄 것입니다.

633 자녀의 읽기 영역에서의 연간 학업성취도검사 점수를 반드시 확인해서 평균 이하인지 여부를 확인하세요. 하위 1/4에 해당하는 점수는 읽기장애에 대한 평가가 필요함을 말해 줍니다.

634 읽기를 아주 많이 싫어하는 아이들은 읽기장애를 가지고 있을 수 있으며 평가를 받아 봐야 합니다.

635 아이가 힘들어한다면 읽기장애 검사를 반드시 받아야 합니다. 읽기 능력은 이해력과 유창성으로 나눌 수 있습니다. 유창성은 읽을 때 아이가 얼마나 빨리 말로 읽을 수 있는지를 말해 주지만 그것들을 얼마나 이해하고 있는지에 대해서는 아무것도 알려 주지 않습니다. 당신의 자녀가 높은 유창성을 보이더라도 낮은 이해력을 나타낼 수 있습니다.

636 당신이 한 장 읽고, 아이가 다음 장을 읽는 식으로 아이와 돌아가며 큰 소리로 읽어 보세요.

637 먼저 책의 표지와 제목을 살펴보고 무엇에 관한 책인지 이야기하면서 책에 대한 관심을 자극해 보세요.

638 관심과 이해를 높이기 위하여 각 장이 끝날 때마다 이야기에서 무슨 일이 일어났는지, 그리고 다음에는 무슨 일이 일어날 것 같은지에 대해서 같이 이야기해 보세요.

639 아이가 흥미로워하는 것을 읽도록 하세요. 아이가 무엇을 읽는지에 대해서가 아닌 실제로 그것을 읽고 있는지에 대해서 걱정하세요.

640 아이가 프로 스포츠를 좋아한다면 신문의 스포츠란을 읽도록 해 보세요. 읽는 것은 읽는 것입니다.

641 아이의 흥미나 취미와 관련된 잡지를 구독해서 독서의 즐거움을 높여 주세요.

642 만화책을 허용해 주세요. 픽션이나 논픽션 책보다 아이의 관심을 더 붙잡아 둘 수 있을 것입니다.

643 아동용 잡지를 사세요. 짧은 이야기와 사진이 들어 있어서 전체가 글자인 책을 마주하는 것보다 읽기를 덜 부담스럽게 만들어 줍니다.

644 한 번에 한 장(chapter)씩 아이가 읽을 만큼 복사해 주세요. 전체 책보다는 작은 분량만큼을 읽는 것이 더 쉽게 느껴질 것입니다.

645 복사해 놓은 장은 중요한 부분에 줄을 치도록 사용할 수 있습니다.

646 읽기 분량이 끝날 때마다 작은 간식이나 점수를 주세요. 작다는 것은 작은 사탕, M&Ms 초콜릿 하나, 쿠키 한 입, 젤리 하나 등을 의미합니다.

647 교과서를 읽는 동안에는 처음에는 제목, 다음은 소제목들, 사진 및 문구, 그래프, 도표 등을 읽어서 전환이 쉽도록 해 보세요.

648 아이가 혼자 읽을 때에도 큰 소리로 읽을 수 있도록 해 주세요. 큰 소리로 읽는 것은 아이가 보고, 듣고, 말하는 세 가지 정보 습득 방식을 경험하게 합니다.

649 자녀가 단어를 소리 내지 않고도 입 모양으로만 말하는 법을 가르치세요. 그렇게 하면 도서관, 교실, 시험 시간처럼 큰 소리를 낼 수 없는 장소에서도 소리 내어 읽기 기법을 사용할 수 있습니다.

650 아이의 연령에 상관없이 읽는 부분을 손으로 짚어 가며 읽도록 해 주세요. ADHD를 가진 많은 아동은 자신이 읽던 자리를 쉽게 놓칩니다.

651 아이가 책을 읽는 동안 눈이 왔다 갔다 하지 않도록 책갈피를 활용해서 읽는 곳을 짚을 수 있게 해 주세요.

652 확대경으로 사용할 수 있고 밑줄 긋는 자로도 사용할 수 있는 확대경 막대를 사용해서 읽는 곳을 유지할 수 있게 해 주세요. 이것은 뜨개질이나 공예품 가게에서 살 수 있습니다.

653 지금 읽는 한두 줄만 보이고 나머지 전체는 가려 주는 독서창이라는 도구를 사용해 보세요. 이는 플라스틱 파일을 잘라서 만들 수 있습니다.

654 한 장(Chapter) 전체에 집중시키려 하기보다는 한 번에 한 문단에만 집

중시키세요. 짧은 문단의 끝에 클립이나 포스트잇을 붙여 두어서 아이가 거기까지만 읽으면 된다는 것을 알 수 있게 해 주세요.

655 교과서의 각 장이 끝나면, 아이의 이해력을 높이기 위해서 방금 읽은 것에 대하여 이야기를 나눠 보세요.

656 암기 카드에 읽은 것을 적도록 격려해 보세요. 이것은 학습과 내용 기억에 도움이 될 뿐 아니라 시험 준비를 위해서도 활용될 수 있습니다.

657 독후감을 위해서 아이가 읽은 이야기 속의 인물과 사건에 대하여 암기 카드에 적도록 격려해 보세요. 이것은 아이가 독후감을 써야 할 때 필요한 모든 정보를 제공할 것입니다. 정보를 적절한 순서로 쉽게 정리할 수 있도록 카드에 숫자를 적게 하는 것을 잊지 마세요.

658 아이가 선생님이 정해 주신 책을 읽기를 완강히 저항한다면 타협안으로 아이가 고른 책을 읽어도 될지 허락을 구해 보세요.

659 아이가 책을 읽기 전에 영화 버전을 먼저 보여 주세요. 이는 아이가 읽는 내용을 잘 이해하도록 도와줄 뿐 아니라 책을 더 재미있게 해 줄 것입니다.

660 아이가 책을 읽는 것을 끝마치면 보상으로 해당 이야기의 영화 버전

을 볼 수 있게 해 주세요. 인기 있는 아동용 도서들의 상당수는 이미 영화로 만들어졌습니다. 아이가 읽기를 좋아하게 만드는 데 더 쉬운 방법을 제공할 것입니다.

661 책과 영화가 어떻게 다른지를 이야기함으로써 이야기에 대한 자각을 높이도록 해 주세요.

662 아이가 따라 읽을 수 있도록 CD나 오디오북을 사용해 보세요. 원문을 그대로 사용하는지를 확인해서 책과 CD 내용이 완전히 같은지를 확인하세요. 이는 아이가 단어들을 보고 들을 수 있도록 해서 이야기를 이해하는 것을 보다 쉽게 해 줍니다.

663 Learning Ally는 7만 건 이상의 책 다운로드를 제공합니다. 99달러에 연간 무제한 다운로드를 제공합니다(역자 주-국내에서는 각 지역의 무료 전자도서관이나 밀리의 서재, 리디북스, 교보e북 등과 같은 독서 앱을 활용할 수 있다).

664 미국 국립도서관 서비스는 거의 모든 책의 카세트를 무료로 빌려 주며 지역 도서관도 필요로 하는 테이프이나 CD를 가지고 있을 수 있습니다.

665 글씨로 써 있는 질문들이 있는 보드게임을 하세요. 이렇게 함으로써 아이는 자신이 읽기를 연습하는지 모르는 채로 읽기 연습을 하게 됩니다.

받아쓰기에 대한 팁

받아쓰기는 모든 아동교육의 일부입니다. 단어를 쓰고 또다시 쓰는 것은 ADHD 아동처럼 반복되고 지겨운 과제에 대한 저항력이 약한 아동을 힘겹게 합니다. 맞춤법은 중요한 기술일 뿐만 아니라 부모가 대신해 줄 수 없는 것이기도 합니다. 다음 18가지 팁을 사용하여 자녀가 받아쓰기 연습을 하는 것을 보다 재미있어 하도록 도와주세요.

666 받아쓰기 단어들을 이용한 낱말퍼즐을 해 보세요.

667 글자 모양의 시리얼이나 과자를 사용해서 받아쓰기를 연습할 수 있도록 해 주세요.

668 속이 물로 채워져 있어서 그 위에 쉽게 쓰고 지울 수 있도록 되어 있는 아쿠아두들(Aquadoodle)을 사용해서 받아쓰기 단어들을 연습할 수 있도

록 해 보세요.

669 보도분필(walk chalk)을 사용해서 받아쓰기 단어들을 밖에서도 연습할 수 있게 해 주세요.

670 손가락 그리기나 붓을 활용하여 아이가 받아쓰기 연습을 하는 것을 신나게 할 수 있도록 구성해 보세요.

671 다양한 색깔과 반짝이 마커를 구입해서 아이가 받아쓰기 단어들을 쓰고 싶은 마음이 들게 해 주세요.

672 받아쓰기 단어들을 쓸 때 밝고 다양한 색깔의 종이들을 사용해 보세요.

673 만일 아이가 종이에 글씨를 쓰는 것에 대해 강한 저항감을 느끼지만 앞에 묘사한 재미있는 방식들은 할 의지가 있다면, 선생님에게 마카로니나 보도분필 또는 재미있는 방법들을 활용해서 쓴 것들을 사진으로 찍어서 제출해도 되는지 물어보세요.

674 아이가 받아쓰기 단어들을 쓰는 동안 일어서거나 무릎을 꿇거나 빈백의자에 앉을 수 있도록 허락해 주세요. 아이가 편하게 느끼면 뭐든지 허락해 주세요.

675 아이가 줄넘기를 하면서 받아쓰기 철자를 말할 수 있도록 해 보세요. 박자가 있는 운동은 암기력에 도움이 될 수 있습니다.

676 아이에게 공을 주고 바닥에 튀기면서 암기한 단어들을 말하도록 해 보세요. 튀기는 박자가 암기에 도움이 될 수 있습니다.

677 과잉행동을 하는 아이는 단어의 철자를 말하면서 돌아다닐 수 있도록 해 주세요. 기어오르기, 수영, 팔 벌려 뛰기, 사방치기 등과 같은 큰 동작의 활동은 아이가 단어를 외우면서 움직일 수 있도록 해 줍니다.

678 집 주변이나 뒷마당에 맞춤법 코스를 만들어서 아이가 정류장 사이를 뛰어다니면서 글씨를 쓰거나 맞는 철자를 집을 수 있게 해 보세요.

679 아이가 단어 철자를 재빨리 쓰게 독려하기 위해서 초시계를 활용해 보세요. 아이가 시간 내로 완수하면 점수나 작은 상품을 받도록 해 보세요.

680 아이가 쓰기에 지대한 영향을 주는 소근육 운동에 문제를 겪는다면 컴퓨터를 사용할 수 있게 해 주세요. 컴퓨터를 사용할 경우 자동 수정 기능을 꺼 두었는지 확인하세요.

681 아이가 철자를 연습할 수 있도록 음성인식 프로그램을 사용하세요. 부모님이 아이에게 그 단어를 크게 말해 주고 아이는 마이크로 철자를 말

해서 아이 대신 컴퓨터가 타자를 치도록 해 주세요.

682 온라인 사전은 아이가 자신이 적은 철자가 맞는지 확인하기 위해 사전을 활용하는 데 익숙해지는 가장 빠르고도 쉬운 방법입니다.

683 아이가 단어 철자를 외울 때 리듬감 있는 박수치기 놀이를 도입해 보세요.

글쓰기에 대한 팁

글쓰기는 다양한 이유로 ADHD 아동을 주눅들게 하는 작업일 수 있습니다. 단순히 연필을 바르게 쥐고 있는 게 힘들 수도 있고 경주하듯 과제를 해치워 버리고 싶은 충동을 조절하는 것이 거의 불가능할 수도 있습니다. 자신이 쓰고 싶은 내용을 생각하고 종이에 옮겨 적기 위해서 자신의 작업기억에 필요한 시간 동안 그것을 붙잡아 두는 것은 ADHD 아동에게는 너무 어려운 일이 될 수 있습니다. 해당 아동은 자신이 쓰고 싶어 하는 내용을 빨리 잊어버리는 경향이 있기 때문입니다. 단어, 문장, 문단을 적합한 배열로 배치하는 작업 역시 매우 큰 장애물이 될 수 있습니다. 글쓰기 숙제는 미루어지고 부모와 자녀, 또는 교사와 학생 사이에 갈등이 촉발될 수 있습니다. 반항으로 보이는 행동이 사실은 자녀가 부모님에게 설명하지 못하는 글쓰기의 어려움 때문일 수 있습니다. 다음에 있는 팁들을 활용해서 자녀가 글쓰기에서 받는 스트레스를 완화시켜 주세요.

684 많은 ADHD 아동이 '언어적' 사고유형이라기보다는 '시각적' 사고유형임을 기억하세요.

685 아이의 시각적 능력을 자극해서 아이가 독후감을 영화처럼 '보도록' 도와주세요. 아이에게 영화의 시작, 중반, 엔딩에 무엇이 보이는지를 물어보면 독후감의 개요가 나올 것입니다.

686 그림 그리기를 좋아하는 아동의 경우, 독후감이나 작문에 대한 아이디어를 스케치해 보도록 하면 이를 아우트라인으로 사용할 수 있습니다.

687 아이에게 각각의 빈 카드에 과제에 대한 부분적인 아이디어들을 적도록 해 보세요. 그러고 나면 아이가 카드를 순서대로 배열할 수 있고, 그 순서대로 보고서를 작성할 수 있을 것입니다.

688 적절하지 않은 정보를 넣는 아이에게는 영화 기법을 적용하여 각각의 장면이 이 영화에 어울리는지 아니면 다른 영화에 더 잘 어울릴 것 같은지 물어보세요.

689 다섯 문단짜리 작문 숙제는 종이에 손바닥을 대고 그리는 것으로 시작할 수 있습니다. 다섯 손가락으로 시작될 수 있습니다. 새끼손가락에 핵심적인 생각을 적고, 엄지손가락에 개괄적인 아이디어를 적고, 나머지 세 개의 손가락에 각각 한 가지 생각들을 적도록 합니다. 이 개요를 바탕으로 작문을 할

수 있습니다.

690 아이가 작문 내용을 구술하고 부모님이 받아 적는 것도 가능합니다.

691 선생님에게 아이가 손으로 보고서를 작성하는 대신 컴퓨터로 작성할 수 있도록 요청해 보세요.

692 아이가 마이크에 말하면 모니터에 타이핑을 해 주는 음성인식 프로그램을 활용해 보세요. 아이가 쉽게 자신의 생각을 말하게 되고 펜과 종이로 써야 한다는 부담에 대해 염려할 필요가 없습니다. 그렇게 하고 나서 편집할 수도 있습니다.

693 펜과 종이 대신에 AlphaSmart의 NEO 2 워드프로세서(역자 주-키보드에 작은 화면이 달려 있어 컴퓨터 없이 글을 쓸 수 있는 장치)를 사용해 보세요.

694 선생님에게 아이가 숙제를 써서 제출하는 대신 동영상으로 제출해도 되는지를 물어보세요. 뉴스 기자처럼 숙제를 만들게 되면 신나할 것입니다.

성적을 위한 팁

성적은 부모님과 ADHD 아동 사이에 갈등을 일으킬 수 있습니다. 부모님은 자녀가 최선을 다하고 자신이 받을 수 있는 최고의 점수를 받기를 원하고, ADHD 아동은 지겹게 느껴지는 과제들을 가능한 한 빨리 해치워 버리기 원합니다. 그 중간 어디쯤에서 자녀와 부모님이 타협점을 찾을 수 있습니다. 다음 21가지 팁은 점수를 적절한 관점으로 보게 하고 당신과 자녀의 부담을 덜어 줄 수 있습니다.

695 자녀의 성적에 대한 걱정을 줄이세요. 85%의 학생이 평균 범위의 성적을 받는다는 것을 기억하세요. 통계적으로 말하자면, 대부분 학생의 내신이 4~7등급 사이에 해당됩니다.

696 특히 아이가 내신 1등급 학생이 아닌 경우에는 1등급을 받으라고 압박하지 마세요. 이는 아이에게 좌절감을 심어 주고 부모님과의 관계에 금

이 가게 할 뿐입니다.

697 성적은 인생의 전부도 아니며 마지막도 아닙니다. 학교에서 받은 성적, 그것도 초등학교나 중학교 성적으로 인생이 결정나는 사람은 극소수입니다.

698 선생님이 제공해 주시는 주간 성적표를 통해 아이가 자신의 진전을 확인할 수 있도록 도와주세요. 이는 학기가 끝날 때 갑자기 8, 9등급 성적표를 받고 놀라게 되는 일이 없도록 해 줄 것입니다.

699 선생님에게 주간 성적표를 이메일로 보내 주시기를 요청드려서 아이가 그것을 집에 가지고 오는 것을 잊어버리는 일이 생기지 않도록 해 주세요.

700 선생님이 보내 주시는 주간 숙제 성적표를 통해 아이가 자신이 제출한 과제물을 확인할 수 있게 해 주세요.

701 아이의 모든 성적표를 성적표 파일에 보관해 주세요. 이는 전문가들이 아이를 평가하는 데 도움이 될 것입니다.

702 선생님의 작업을 수월하게 해 드려서 주간 성적표와 주간 숙제 성적표를 기꺼이 작성해 주실 가능성을 높이세요. 선생님을 위해 성적표를 디자인하고 인쇄해서 드리세요.

703 보상과 특권을 주어서 주중 성적표가 동기부여에 사용되도록 해 보세요. 각각의 성적에 따라 점수를 매기세요. 예를 들어, A등급은 30점, B등급은 20점, C등급은 10점, D등급은 1점, F등급은 0점을 줄 수 있습니다.

704 아이에게 두뇌는 쓸수록 힘이 생긴다는 점에서 근육과 비슷하다는 것을 가르쳐 주세요.

705 실수는 좋은 선생님이라는 철학을 바탕으로 자녀의 낮은 성적에 반응해 주세요. 실수로부터 배울 수 있는 방법을 알려 주면 자녀는 자신에게 그렇게 가혹하지 않을 것입니다.

706 아이의 노력을 칭찬해 주고 지능을 칭찬하지 마세요. "너 정말 똑똑하구나." 하는 말 대신 "이 과제에 정말 열심히 노력했구나!"라고 해서 아이가 노력을 더 중요하게 여기도록 가르쳐 주세요.

707 높은 학업 성적보다 노력과 태도를 인정해 주세요. 유치원이 시작될 때부터 아이에게 노력과 성취를 칭찬해 주고 자부심을 심어 주세요. 물론 부모님도 자랑스러우시겠지만, 아이는 부모님의 기분을 위해 좋은 성적을 얻으려고 노력하는 데 흥미를 잃을 것입니다. 스스로를 자랑스럽게 여기기 위해 노력하도록 일찍 무대를 마련해 주세요. "나는 네가 자랑스러워."라는 말보다 "네 자신이 정말 자랑스럽겠다." "너는 뿌듯하겠다."라는 자부심을 마음에 심어 주세요.

708 학교는 배우기 위한 곳이지 성적을 받기 위한 곳이 아님을 기억하세요.

709 성적표는 아이가 얼마큼 배웠는지가 아니라 얼마만큼 주어진 과제를 잘했는지를 알려 주는 것입니다. 아이가 역사에서 7등급을 받았더라도 다른 아이들에 비해서 해당 과목에 관해 더 많은 것을 알고 있을 수 있습니다.

710 자녀의 연간 학업성취도검사 점수를 살펴봄으로써 학습 수준이 어느 정도인지를 확인하세요. 이 검사는 자녀가 학기 중에 배워야 하는 것을 어느 정도 배웠는지를 측정합니다. 만일 아이의 점수가 평균 점수 이상이라면 성적이 나쁘더라도 배우고 있음을 알 수 있습니다.

711 자녀의 성적에 정서적 애착을 갖지 않도록 하세요. 자녀의 성적이 양육능력을 반영하지 않습니다.

712 자녀의 성적에 대해 이야기할 때 '우리'라는 단어를 제외하세요. '우리'가 1등급을 받았다거나 '우리' 독후감 과제 제출일이 다가온다는 말은 부모님이 자녀의 성적에 너무 많이 개입하고 있음을 말해 줍니다.

713 자녀가 낙제하지 않고 있다면 자녀의 성적에 대해서 너무 걱정하지 말고 정서적·사회적 발달에 더 많은 신경을 쓰도록 하세요.

714 성적보다도 정서지능과 타인과 잘 지낼 수 있는 능력이 성공을 훨씬

더 잘 예측한다는 것을 자녀에게 상기시켜 주세요.

715 당신이 아는 성공한 어른에게 그들이 좋은 학생이었는지 물어보세요. 성공한 어른들 중 상당수가 좋은 학생이 아니었지만 잘 자라났음을 확인할 가능성이 높습니다.

05

건강한 사회적
상호작용을 위한 팁

—

사회기술을 위한 팁

개인적 공간에 대한 팁

공공장소에서의 행동을 위한 팁

자아존중감에 대한 팁

사회기술을 위한 팁

ADHD 아동은 친구를 사귀고 관계를 유지하는 것이 어려울 수 있습니다. 과도한 활동량, 너무 많은 말 그리고 충동성을 가진 아동은 놀이 상대로서 선호받지 못할 수 있습니다. ADHD 아동에게는 사회적 신호를 읽고 다른 아동과 어울리는 법을 알아가는 것이 자연스럽게 이루어지지 않습니다. 놀림, 따돌림, 거절이 줄기차게 ADHD 아동을 따라다닐 수도 있습니다. ADHD 아동이 학교의 말썽꾸러기 아동에게 같이 놀자고 하기에는 너무 두렵기 때문에 거절의 위험을 무릅쓰느니 차라리 혼자 지내기를 선택할 수 있습니다. 부모는 자녀가 지속적인 우정 관계를 발전시킬 수 있는 사회활동을 형성하는 데 적극적인 역할을 맡아야 합니다. 부모가 자녀의 사회생활을 지휘해 줄 뿐만 아니라 자녀에게 친구를 만들 수 있는 구체적인 방법도 알려 주어야 합니다. 다음 25가지 팁은 일상생활에 적용할 수 있는 우정을 형성하고 유지하는 기술을 제공해 줍니다.

716 ADHD 아동들은 사회적으로 2, 3년 정도 뒤처지며 따라서 당신의 예상보다 몇 년 더 친구들과의 놀이를 지도·감독해 주어야 합니다.

717 부모님이 계신 상황에서 자녀가 놀이 약속을 잡거나 사회활동에 친구들을 초대하도록 격려해 보세요.

718 재미있는 활동을 계획하고 자녀에게 함께할 누군가를 초대하고 싶은지 물어보세요.

719 만일 자녀가 같이 놀 누구도 초대하고 싶어 하지 않으면 다른 부모님에게 직접 연락하셔서 놀이 약속을 잡는 것을 생각해 보세요. 아이가 거절당할 위험을 너무 두려워해서 누군가를 초대하지 못하는 것일 수 있습니다.

720 만일 아이가 동갑내기 친구를 사귀는 것을 어려워한다면, 몇 살 더 나이가 많은 아이와 어울릴 수 있게 해 주세요. 이 아이들은 자녀에게 보다 참을성 있고 잘 견뎌 주어서 더 나은 놀이 상대가 되어 줄 것입니다.

721 부모와 아이들을 위한 집단 활동을 계획해 보세요. 최소한 한 명의 다른 아이가 오게 될 것이고, 부모님도 아이들을 함께 돌볼 누군가가 생기게 될 것입니다.

722 친구와의 놀이 시간에 제한을 두면 아이들의 관계 형성이 성공적으

로 이루어지고, 두 아이가 서로에게 지쳐서 자신들도 모르는 사이에 갈등 관계에 빠지는 경우를 예방할 수 있습니다.

723 아이가 한 번에 한 친구 이상과의 관계를 잘 다룰 수 있을 때까지 친구와의 놀이 약속을 한 번에 한 명씩만 잡도록 하세요. 세 번째 아이가 추가되는 것만으로 아이에게는 큰 자극을 주어 부적절한 행동이나 갈등이 발생할 확률이 높아집니다.

724 놀이 약속을 계획할 때 재미있으면서도 아이들이 지속적으로 상호작용을 할 필요가 없는 활동을 선택하세요. 약속을 잡고 그냥 놀라고 하는 것보다 구조화되어 있는 놀이가 자녀에게 훨씬 더 나을 것입니다. 영화 보기, 여행하기, 롤러블레이드 타기, 자전거 타기와 같은 활동은 깊은 상호작용을 필요로 하지 않으면서도 친구와 재미있게 할 만한 활동입니다.

725 ADHD 아동은 종종 자기 생각대로 되지 않을 때 과도하게 반응합니다. 아이의 강렬한 감정은 의도치 않게 우정관계를 해칠 수 있습니다. 아이에게 자신과 친구 사이에 해결되지 않는 갈등이 생기면 부모님에게 찾아와서 말해 달라고 전해 주세요.

726 놀이 약속 전에 친구 앞에서 통제력을 잃어버리게 되면 친구가 다시 오고 싶어 하지 않을 수 있다는 사실을 알려 주세요. 문제가 생기기 전에 와서 도움을 청하도록 격려해 주세요.

727 아이의 나이보다는 아이가 어울리는 능력을 근거로 놀이 약속에서 어느 정도의 직접적인 지도·감독이 필요한지를 결정하세요.

728 같이 쓰기, 순서대로 하기, 무엇을 하고 놀지 친구가 선택하게 해 주기 등의 사회적 기술을 자녀가 잘 사용하고 있는지 놀이 약속에서 지도·감독해 주세요.

729 자녀가 더 어린 아이와 놀기를 원하면 그렇게 해 주세요. 어린아이는 자녀를 우러러볼 것이고 자녀가 자기 자신에 대해서 긍정적으로 느끼게 해 줄 것입니다.

730 많은 ADHD 아동은 놀이 약속을 즐겁게 보내고 좋은 집주인 역할을 맡기 위해 도움이 필요합니다. 놀이 약속 시간 전에 미리 활동을 계획하세요.

731 사회적 기술을 가르칠 때 긍정적인 언어를 사용하세요. 아이가 친구와의 사이에 문제를 겪고 있음을 지적하지 마세요. 아마 이미 아이도 알고 있을 것입니다. 대신에 긍정성을 유지하면서 "너는 이미 좋은 친구이지만 지금보다 더 좋은 친구가 될 수 있는 방법을 가르쳐 줄게."라고 말해 주세요.

732 자녀의 모든 사회적 문제를 한 번에 '고치려고' 하지 말아 주세요. 한 번에 한두 가지의 사회적 기술을 가르쳐 주세요. 이것은 자녀가 기술을 배

우고 반복적으로 시도할 수 있도록 해 줄 것입니다.

733 다른 사람들에게 자녀를 설명하는 데 부정적인 용어를 사용하지 않도록 하세요. '거짓말쟁이' '조종하는' '게으른'과 같은 말들은 치명적인 상처를 주며, 그 말이 들릴 때마다 스스로를 좋게 느낄 기회가 줄어들 것입니다.

734 꼬리표를 달아 주는 대신에 행동을 묘사하세요. '게으른' 아이는 사실은 주어진 과제를 완결하는 데 어려움을 겪는 아이입니다. '거짓말쟁이'는 문제에 빠지는 것을 피하고 싶은 마음을 가진 아이입니다.

735 성공한 정도에 상관없이 사회화하려는 아이의 노력을 칭찬해 주세요.

736 더 많은 방과 후 활동은 더 많은 긍정적인 사회적 상호작용의 기회를 줄 것입니다.

737 자녀에게 자신을 소개하는 방법을 알려 주고 다양한 순간에 적용하는 법을 여러 번 반복해서 가르쳐 주세요. 이 기술을 보다 편안하게 느낄수록 친구를 만들 가능성이 늘어날 것입니다.

738 자녀를 ADHD에 특화된 여름 캠프에 보내세요. 훈련된 캠프 지도자들은 아이들이 사회적으로 어울리는지, 적절한 사회적 기술을 활용하는지, 사회적 갈등을 다루는 방법을 배우고 있는지를 확인해 줄 것입니다.

739 자녀에게 우정을 다루는 친구관계에 관한 책을 나눠 주세요.

740 영화와 TV를 자녀와 함께 보면서 화면에 나오는 우정을 다루는 친구 관계의 기술들에 대해 이야기해 보세요.

개인적 공간에 대한 팁

ADHD 아동은 신체 활동의 경계선을 내부로만 유지하는 것이 어렵습니다. 이 아동은 지나치게 가까이 가거나 다른 이를 너무 많이 건드리고 다른 사람의 개인적 공간을 무단으로 들어갈 수 있습니다. 대부분의 아동은 다른 사람의 개인적인 공간을 침범하려고 의도한 것이 아닙니다. 이 아동은 단지 모든 사람이 넘지 말아야 한다고 문화적으로 학습한 보이지 않는 경계선을 알아차리지 못했을 뿐입니다. 이 아동의 대근육 운동은 자주 어색하게 움직이고 통제가 잘 안 되어 다른 사람과 부딪히고 걸려 넘어지며 자주 사람이나 물건 위를 넘어 다니거나 그 위로 넘어집니다. 보통 사람은 이것이 다른 사람을 화나게 한다는 것을 쉽게 알아차립니다. 하지만 자기 신체를 조절하는 것이나 물리적 공간에서 자신의 위치를 파악하는 것이 어떤 ADHD 아동에게는 느리게 이루어질 수 있습니다. 다음 9가지 팁을 활용해서 자녀가 자신의 신체를 바람직하게 조절할 수 있도록 도와주세요.

741 자녀가 다른 사람들을 건드리는 것을 막을 수 있도록 손에 쥐고 있을 무언가를 주세요. 장난감, 동물 인형, 연필, 스퀴시 공, 베개, 또는 책 등은 손을 바쁘게 하고 다른 사람들과 접촉하지 않도록 해 줄 것입니다.

742 의자 사이에 공간을 충분히 두어서 아이가 옆 사람과 닿지 않게 해 주세요.

743 아이가 다른 사람을 가장 건드리고 싶어 하는 시간 동안 아이에게 손으로 할 수 있는 과제를 주세요. 그림을 그리게 하거나 학교 방학 때 하고 싶은 활동들을 적어 보게 하거나 이야기 시간에 책장을 넘기도록 하거나 파티에서 선물에 달려 있는 리본들을 모아 오게 하거나 사람들이 '그리고'라고 말한 횟수를 세어 보도록 해 보세요. 생각할 수 있는 대부분의 활동이 신체적 경계선을 침범하는 것을 방지해 줄 것입니다.

744 자신의 개인적 공간을 유지해 주도록 하기 위해서 바닥에 앉을 때는 방석을 사용하게 해 보세요.

745 학교에서는 모둠 활동 시간에 바닥에다가 각각의 아이들이 앉을 공간을 색깔 마스킹 테이프로 표시해 둘 수 있습니다.

746 색깔 마스킹 테이프는 아이들이 서서 하는 활동에도 활용될 수 있습니다.

741. 자녀가 다른 사람들을 건드리는 것을 막을 수 있도록
손에 쥐고 있을 무언가를 주세요.

747 아이에게 팔을 최대한 뻗은 크기만큼 확장되는 보이지 않는 비눗방울이 감싸고 있어서 이 비눗방울이 아무에게도 닿아서는 안 된다고 말해 주세요.

748 아이가 다른 사람을 건드릴 때는 손을 주머니에 넣도록 지시하세요.

749 아이가 개인적 공간에 관해 심각하고 반복적인 문제를 경험한다면 전문적인 치료를 받게 해 주세요.

공공장소에서의 행동을 위한 팁

모든 부모의 악몽과 같은 순간은 공공장소에서 자녀들이 마음대로 행동하는 것입니다. 아동이 부적절한 행동을 하거나 분노를 폭발시키는 것을 보면서 압박감을 느끼는 것은 자연스러운 감정입니다. 대부분의 사람이 걸음마를 배운 아기가 자제력을 잃는 것을 보는 것에는 익숙하지만, 보다 나이가 든 아동이 아기처럼 행동하는 것에는 그렇지 않습니다. ADHD 아동은 정서적으로 매우 미성숙할 수 있고, 신체적 나이에 비해 몇 년이 더 어리게 행동할 수 있으며, 자기 뜻대로 행동하지 못할 때 더욱 그러합니다. 또한 집에서와 공공장소에서의 압박이 어떻게 다른지를 아주 잘 인식합니다. 부모가 공공장소에서는 자신을 집에서처럼 통제하지 못한다는 것을 알아차리고 자기 마음대로 하는 경우가 많습니다. 공공장소에서의 통제권을 되찾아 오는 데 너무 늦은 경우란 없습니다. 다음 19가지 팁은 당신에게 주도권을 되찾아 줄 것입니다.

750 주변 사람들이 당신과 아이를 쳐다보는 이유는 당신과 아이 둘 중에 누가 이기는지를 보려는 것이라고 스스로에게 상기시켜 주세요. 승자를 선택하세요.

751 주변 사람들이 당신과 아이 사이의 대결을 쳐다보는 이유는 항상 당신을 응원하기 위함이라는 것을 기억하면서 힘을 얻으세요.

752 자녀가 당황스러움을 피할 수 있도록 알려 주세요. 확고하고 확실하게 규칙을 따르세요. 공공장소에서 장면을 연출해서 자녀가 원하는 대로 하려고 시도할 수 없다는 사실을 당신이 양보하지 않음으로써 알려 주세요.

753 아이를 대하고 있는 당신을 바라보는 옆 사람들을 무시하세요. 다른 사람이 당신의 양육 스타일을 어떻게 생각하는지는 중요한 것이 아닙니다. 그들은 당신의 아이를 모르기에 당신에 대해 정확하고 정당한 판단을 내릴 근거를 가지고 있지 않습니다.

754 공공장소에서 아이를 데리고 맞닥뜨렸던 문제들의 목록을 만들어 보고, 그러한 문제들이 발생하지 않도록 할 방법들을 훈련하세요. 예를 들어, 당신의 아이가 마트의 장난감들을 보면서 소리를 지른다면, 마트에 갈 때만 가지고 놀 수 있는 특별한 장난감을 가져가도록 해 주세요.

755 예방책이 실패한다면 미리 문제를 해결할 수 있는 방법을 계획하세

요. 또다시 문제가 일어나면 정확히 어떻게 해결할 것인지를 알 것입니다.

756 각각의 장소에서 아이가 일으키는 당신이 알고 있는 문제들에 대한 규칙 카드들을 만들어 두세요. 출발 전에 그것들을 읽어 주세요.

757 자녀와 어디를 가기 전에 세워 놓은 규칙이 무엇인지를 말해 보도록 하세요.

758 공공장소에 가기 전에 아이에게 행동의 결과가 무엇인지 알려 주세요. 예를 들면 다음과 같습니다. "우리가 마트에 있는 동안 뭔가 사 달라고 하지 않으면 차 타러 갈 때 껌 하나를 줄 거야. 만일 뭔가 사 달라고 한 번 말하면 껌을 하나도 받지 못해."

759 자녀에게 자신이 무엇을 해야 하는지, 그렇게 하면 어떻게 될지, 그렇게 하지 않으면 어떻게 해야 할지를 반복해서 말하도록 해 보세요.

760 문제행동을 발견하는 즉시 지적해 주세요. 그것을 무시한다면 통제권 밖으로 벗어날 가능성이 커집니다.

761 아이가 부적절하게 행동한다면, 아이에게 무엇 때문에 화가 났는지, 문제를 해결하기 위해 필요한 것을 바로 물어보십시오.

762 아이가 무엇 때문에 잘못된 행동을 하고 있는지 당신 자신이 알고 있다고 가정하지 마십시오. 아이에게 이유를 물어보십시오.

763 아이의 화난 기분을 확인해 주어서 아이가 자신의 감정을 알리기 위해 행동을 과장할 필요가 없도록 하십시오. "영화관에서 같이 앉지 못해서 나한테 화가 났다는 거 알아, 이해해."

764 아이가 받아들일 수 없는 행동을 하며, 어떠한 것도 통제력을 회복하는 데 도움이 되지 않을 것으로 여겨진다면 어떤 상황에서도 떠날 수 있도록 준비를 하세요.

765 만일 아이의 행동이 주변의 다른 사람을 방해한다면 그 상황에서 아이를 분리하세요. 다른 사람의 시선을 받지 않으면 보다 자신 있게 양육할 수 있고, 자녀는 잘못 행동하면 공공장소에서 떠나게 된다는 것을 배울 것입니다.

766 아이가 자신을 통제할 수 없다면 집에 가거나 모임 사람들의 활동이 끝날 때까지 차에 앉아 있을 준비를 해 두세요. 이는 좌절스럽고, 부모 중한 명이 그 활동에 참여하지 못하는 것을 뜻하기는 하지만, 이렇게 몇 번만 하면 자녀는 잘못된 행동이 받아들여지지 않는다는 것을 빠르게 습득할 것입니다.

767 만일 자녀 중 한 명이 올바르게 행동하지 못해서 활동이 종결됐다면, 다음 번에 다른 자녀들을 데리고 나가서 문제행동을 일으킨 형제나 자매 없이 지난번에 하지 못한 활동을 만회할 기회를 주세요. 이는 다른 자녀들에게 공평한 것이고, 잘못 행동한 자녀에게는 자신을 조절할 수 없으면 재미있는 활동에서 제외될 것이며, 다른 형제나 자매들은 그 재미있는 활동에서 제외되지 않을 것임을 알게 해 줄 것입니다.

768 아이가 어려움을 겪을 상황에 대한 리허설을 계획해 보세요. 아이가 마트에 갈 때마다 소리를 지른다면, 당신이 전혀 살 것이 없을 때 마트를 수차례 다녀와 보세요. 물론 아이에게 리허설만 할 거라고 말하지는 마세요. 만일 아이가 분노를 터뜨리면 당신은 무엇인가 살 필요 없이 바로 빠져나올 수 있습니다. 밥 먹을 필요 없을 때 식당에 가세요. 아무것도 살 필요가 없을 때 백화점에 가세요. 아이가 행동을 잘하면 그 일을 지속해서 완수하세요. 장을 보고, 식사를 하고, 쇼핑을 하고, 아이에게 잘했다고 칭찬해 주세요. 드레스 리허설은 아이가 부적절하게 행동해서 아이를 빼내야 하지만 꼭 해야 할 일이 있어서 그 상황에 머무르는 것을 방지해 줍니다. 드레스 리허설을 자주할수록 자녀는 공공장소에서 행동하는 법을 더 빠르게 배울 것입니다.

자아존중감에 대한 팁

아이가 스스로를 어떻게 인식하고 가치를 매기는지가 자존감을 정의합니다. ADHD 아동은 선생님, 부모님, 친구로부터 거의 항상 자신이 어딘가 부적절하게 행동한다고 지속적인 피드백을 받기 때문에 자존감이 낮을 수 있습니다. 자아존중감은 자신이 무엇인가를 얼마만큼 기꺼이 시도할 수 있는지, 얼마만큼 실패의 위험을 기꺼이 감당할 수 있을지, 자신이 사회의 어디에 적합하다고 느끼는지, 자신이 되고자 하는 대로 되고 얼마나 행복할지 등을 결정해 줍니다. 이는 모든 아동의 심리에 필수적인 측면이며, ADHD 아동의 경우에는 추가적인 노력을 기울여서 증진할 필요가 있습니다. 다음 25가지 팁은 자녀의 자아존중감을 키우기 위한 고민에 자양분을 제공할 것입니다.

769 아이의 좋은 점을 의도적으로 찾아서 칭찬해 주세요.

770 아이의 타고난 재능을 격려해 주세요.

771 날마다 무엇을 잘했는지에 초점을 맞추어 주세요.

772 행동보다 성품에 초점을 맞추어 주세요. 자비롭고 친절한 아이는 비열하고 욕심 많지만 숙제는 다 해내는 아이보다 더 바람직합니다.

773 아이가 훌륭하게 해낼 수 있는 일에 참여할 수 있는 기회를 주세요.

774 어려운 과제와 재미있고 쉬운 활동의 균형을 맞추어 주세요.

775 날마다 "사랑해"라고 꼭 말해 주세요. ADHD 아동은 자신의 문제행동이 사랑받지 못하게 하는 것은 아니라는 점을 알 필요가 있습니다.

776 매일 여러 번 질책을 받는 것은 아이의 자존감이 닳아 없어지게 합니다. 아이의 행동에서 무엇이든 긍정적인 것을 찾아 칭찬한다면 이에 저항하는 힘을 보태 줄 수 있습니다.

777 자선활동에 아이를 참여시키세요. 다른 사람을 돕는 것은 모든 사람을 기분 좋게 합니다. 자신의 장난감을 기부할 수 있고, 자선을 목적으로 1킬로미터를 걸을 수 있고, 생일 선물이나 세뱃돈의 5퍼센트 정도를 자선으로 기부할 수 있습니다.

778 아이가 '달려갈 수 있는 사람'이 되어 주세요. 이는 자녀가 달려가면 언제든지 들어주고, 공감과 지지, 격려 그리고 이해를 제공해 주는 사람이 되는 것을 뜻합니다.

779 아이가 자신의 행동에 대해 고백하거나 문제를 들고 당신에게 오기 쉽게 해 주세요. 이는 아이에게 강의를 해 준다는 것이 아니라 잘 들어주고 이해하고 공감해 준다는 것을 의미합니다.

780 무조건적인 사랑을 주세요. 누구나 조건 없이 자신을 사랑해 주는 사람이 필요합니다. 아이가 언제나 자신을 무조건적으로 사랑해 줄 것이라고 믿는 한 사람이 되어 주세요.

781 아이가 문제에 대해서나 자신이 어떻게 느끼는지에 대해 하는 말에 귀를 열되 입은 닫아 주세요. 아동과 청소년들이 다가와 말을 할 때 잘 들어주는 것이 잘 말해 주는 것보다 훨씬 좋습니다.

782 너무 빨리 경험, 조언, 지혜를 나누어 주려고 하지 마세요. 종종 자녀는 부모님이 어떤 생각을 하는지와 관계없이 그저 자신을 표현할 필요가 있습니다.

783 우리는 다른 사람의 생각이 무엇인지 들을 때보다 자신의 선택을 평가하고 그에 대해 돌아볼 때 더 많이 배웁니다. 조언을 해 주는 대신, 아이에

게 자신이 한 것에 대해 어떻게 생각하는지, 자신의 선택에 대해 어떻게 느끼는지, 자신의 선택이 스스로의 가치와 일치하는지 되물어 보세요.

784 한쪽 벽면에 아이의 사진, 상품, 이수증, 상장 등이 전시된 명예의 전당을 꾸며 주세요. 아이의 침실이 가장 좋은 장소입니다. 방에 들어갈 때마다 자신이 성취한 것들을 보게 될 것이기 때문입니다.

785 아이가 성취한 것을 스크랩북으로 모아 보세요. 명예의 전당에서 내려진 것들은 스크랩북에 보관할 수 있습니다. 아이들은 자신에 관한 책을 보는 것을 아주 좋아합니다.

786 만일 아이가 아무런 상장, 이수증, 상품을 받지 못했다면 아이가 그렇게 할 수 있는 기회를 찾아보세요. 청소년수련관이나 청소년수련단체 등에서 참가 이수증 또는 인증서 등을 제공하며, 자선 걷기대회, 달리기 등에서도 완주한 모든 이에게 메달을 줍니다.

787 아이가 매일의 과제를 완수할 수 있도록 도움을 주고 시상을 해 주는 것은 아이의 자존감을 세워 주고 만성적인 실패감을 겪지 않도록 해 줍니다.

788 낮은 자존감은 10대 시절의 자녀들을 더 심각한 문제의 위험으로 이끈다는 것을 알아 두세요. 낮은 자존감은 우울증, 학업실패, 무단결석, 반사회적 동료집단, 흡연, 음주, 약물 사용, 문란함, 비행 등으로 이끕니다.

789 당신이 아이에게 뭐라고 말하는지를 관찰하면서 지나치게 비판적이거나, 잔인하거나, 다시 주워 담을 수 없는 비윤리적인 말을 사용하는 것을 피하세요. 매우 힘든 시간에는 아무것도 말하지 않는 것이 최고의 수단일 수 있습니다.

790 한 번에 한 가지나 두 가지 행동에만 초점을 맞추세요. 만일 아이가 매번 잘못할 때마다 지적을 당하게 된다면 자존감을 높일 시도조차 하지 못할 것입니다.

791 아이의 사랑스러운 부분을 적은 깜짝 메모를 남겨 주세요. 예를 들어, "네가 농담하는 방식을 좋아한단다! 네가 집에 와서 저녁에 한마디 해 주는 것이 기대되는구나."

792 아이가 일상적으로 하는 행동을 한 것에 대해 깜짝 감사 쪽지를 남겨 주세요. 예를 들어, "어제 야구 장비를 치워 줘서 고마워."

793 아이가 용서받으려고 ADHD를 사용하지 못하게 하세요. 이는 자기통제감이 아니라 결함이 있는 자기정체감을 갖게 만들 것입니다. "네가 ADHD가 있는 것은 사실이란다. 하지만 그것이 네가 좋은 선택을 할 수 없다는 뜻은 아니야."

06

자녀양육을 위한 팁

—

협력을 위한 팁

ADHD 아동이 협력하도록 만든다는 것은 절대 이길 수 없는 힘겨운 전투를 끝없이 반복하는 것처럼 느껴집니다. 종종 ADHD 아동은 일부러 그러는 것이 아님에도 잘못을 저지르거나 반항적이 됩니다. 이는 그저 아동의 ADHD 증상이 아동이 기대되는 대로 행동하는 것을 믿을 수 없을 만큼 힘들게 만들기 때문입니다. 아동은 당신이 '하라'고 말한 것을 듣지 못했습니다. 그렇지 않고 들었다면 잊어버린 것입니다. 아동은 매일매일 규칙과 일과를 잊어버립니다. 처벌을 통해서도 학습하지 못합니다. 할 일을 하지 않고 재미있는 것만 원합니다. 아동이 협력하기 어려워하는 것에 더하여 ADHD 아동의 최소 50%는 적대적 반항장애를 가지고 있는데, 이는 협조하지 않고 저항하는 행동을 극적으로 증대시킵니다. 아동이 협조하도록 하는 것은 결코 끝나지 않는 매일의 작업이지만, 다음 48가지 팁이 보다 쉽게 만들어 줄 것입니다.

794 아이가 "무엇을 잘하고 있나?"에 초점을 맞추면 얼마나 잘 못하는 것을 넘어서 아이가 협력하지 않을 때보다는 협력할 때가 더 많다는 것을 알게 될 것입니다.

795 아이가 바르게 행한 많은 작은 일에 기뻐하세요. 이렇게 하면 규칙을 지키지 않은 상황을 보다 쉽게 다루게 될 것입니다.

796 아이가 바르게 행동한 것들의 목록을 만들어 보세요. 그리고 자주 언급해 보세요. 특히 좌절했을 때에는 아이가 올바로 행동한 것이 많다는 것을 자신에게 상기시키세요.

797 아이가 올바른 일을 한 것에 칭찬하고 고마움을 표시하면 할수록 아이는 더 자주 올바로 행동할 것입니다.

798 칭찬할 때는 100% 긍정적으로 하고 부정적인 말을 덧붙이지 마세요. "오늘 방 청소한 것을 보니 좋구나. 나쁘지 않아! 진작 이렇게 하지 그랬니?" 이는 모욕이 뒤따르는 칭찬입니다. 아이가 한 일이 왜 마음에 드는지 말하지 말고 아이가 칭찬을 즐길 수 있도록 해 주세요.

799 매달 하루는 모든 부정적인 말을 피하고 위험한 행동이 아닌 것은 모두 무시하고 오직 좋은 점만 칭찬해 주는 데 집중하세요. 하루가 끝날 때쯤에 부모 자신이 아이에 대해 얼마나 좋게 느끼고, 아이가 잘한 행동 중에 그

냥 지나치고 무시하는 것이 얼마나 많은지를 알게 될 것입니다.

800 만일 아이의 행동이 지나치게 문제적이어서 칭찬할 것을 하나도 찾을 수 없다면, 아침에 동전 10개를 주머니에 넣어 두고 하루 중에 아이가 올바른 행동을 최소 10개를 하는지 확인해 보세요. 찬찬히 들여다보면서 침대에서 나오는 것, 식탁 앞에 앉는 것, 차에 타는 것과 같은 매우 기본적인 행동을 칭찬해야 할 수도 있습니다.

801 "고마워."라는 말을 표현할 다양한 방법을 사용해 보세요. "네가 ～할 때 좋더라." "네가 ～해 주면 정말 도움이 돼." "나는 네가 ～하다는 거 인정해."

802 아이가 했으면 하는 행동을 말할 때 지시를 주된 방법으로 활용하세요. 지시는 "이거 해."라고 하는 단순한 명령입니다. 질문, 요청 또는 협상 제안이 아닙니다.

803 당신이 지시의 방법으로 말할 때는 아이가 듣고 있는지 확인하세요. 집중하지 않고 있다면, 당신이 말한 것을 듣지 않거나 하라고 말한 것을 기억하지 못한 것입니다.

804 만일 아이가 당신의 지시를 반복적으로 따르지 않거나 말한 것을 잊어버린다면, 방금 당신이 아이에게 하라고 말한 것을 따라 하도록 시켜 보세요. 이는 아이가 당신이 한 말을 들었음을 확실히 하고, 크게 그것을 말함

으로써 내용을 기억할 기회를 주는 것입니다.

805 한 번에 한 가지만 지시하세요. ADHD 아동은 작업기억력에 어려움이 있어서 머릿속에 한번에 여러 가지를 떠올릴 수 없기 때문에 아이가 들었든 듣지 않았든, 당신이 아이에게 한 말을 즉시 잊어버릴 것입니다. 당신이 누군가를 소개받았지만 거의 즉시 그 이름을 잊어버리는 것과 비슷합니다. 규칙을 따르지 않는 것처럼 보이는 행동이 방금 들었던 것을 기억하는 데 실패한 것일 수도 있습니다.

806 한 가지 지시를 주고 그것이 완수될 때마다 칭찬을 해 주세요. 그러고 나서 두 번째 지시를 주고 칭찬해 주고 계속 이렇게 하세요.

807 아이에게 무엇을 하지 말아야 할지 대신에 무엇을 해야 할지 말해 주세요. "식탁에 발 올리지 마."라는 말은 발을 어디에 두어야 하는지 알려 주지 않습니다. 아이에게 "발을 바닥에 내려놓으렴."이라고 말하지 않았다면 아이가 바닥 대신에 소파에 발을 올려도 너무 놀라지 마세요.

808 잘 잊어버리는 것은 혼내지 마세요. ADHD 아동은 규칙, 생활 패턴, 할 일을 마음에 담아 둘 수 없습니다. 이들은 몇 달이나 몇 년 동안 해 왔더라도 매일 규칙과 할 일을 잊어버립니다. 이들에게는 매일이 새로운 날이고 당신이 말해 주기 전에는 무엇을 해야 할지 모릅니다.

809 아이가 협력하지 않으면 최대한 조용한 채로 있어 보세요. 당신이 조용히 있을수록 아이도 그렇게 할 가능성이 높아집니다.

810 아이의 행동에 부정적인 별명을 붙여 주는 것은 삼가세요. 비판적인 단어들은 아이의 마음에 새겨져서 자신이 누구인지 생각할 때 그 부정적이거나 경멸적인 단어들을 떠올리게 될 것입니다.

811 지금-여기에 초점을 두고 어제의 행동을 잊어버리고 내일을 예견하지 마세요. ADHD 아동의 하루하루는 매일이 다릅니다.

812 아이가 협조하기 전까지는 아무것도 하도록 허락해서는 안 됩니다. 만일 부모님이 아이가 반드시 완료해야 하는 지시를 내렸다면, 아이가 협조할 때까지는 다른 것을 해서는 안 됩니다. 만일 아이가 방을 치우라는 이야기를 들었다면, 방을 치우기 전까지는 다른 어떤 것도 할 수 없습니다.

813 신경 쓰지 않는 것처럼 행동해 보세요. 반항적인 아이들은 부모님이 자신의 불순종에 대한 반응으로 화를 내는 것을 보면서 즐거워할 수 있습니다. 당신의 아이가 이런 경우라면, 지시를 내리고 나서 아이가 지키거나 말거나 당신에게 중요하지 않은 것처럼 행동하세요. 당신이 아이가 협력하게 만드는 데 더 많은 힘을 들이면 들일수록, 아이는 더 열심히 보복하고, 분노를 표출하고, 당신을 통제하려는 수단으로 협력을 거부할 수도 있습니다. 만약 아이가 자신의 불응이 당신에게 아무런 영향을 주지 않는다는 것을 알게

된다면 오히려 반항적이 될 가능성이 적어집니다.

814 아이에게 넘김으로써 통제력을 유지하세요. "네가 선택하렴."이라는 말이 당신이 가장 자주 하는 말이 될 것입니다. 아이가 강아지 사료 주는 것을 하지 않겠다고 말한다면, 아이가 마주하게 될 결과를 말해 주고 협력할 것인지 결과를 감당할 것인지를 물어보세요. "네가 강아지 사료를 주지 않으면, 좋아. 내가 강아지 사료를 줄 것이고 너는 밤에 텔레비전을 보는 특권은 잃게 될 거야. 네가 선택하렴."

815 주도권 경쟁에서 빠져나오세요. 반항적 행동 중 많은 것은 단지 당신에게서 주도권을 얻어 내려는 아이의 욕구에서 비롯된 것일 뿐입니다. 이 다툼에 참여하는 것 자체가 이미 지고 있는 것입니다. 이길 수 없는 다툼에 뛰어들지 마세요. 대신에 "네가 선택하렴."이라고 말해 보세요.

816 자녀에게 절대 하도록 할 수 없는 무엇이 있음을 받아들이세요. 자녀를 먹게 하고, 자게 하고, 그만 울게 할 수 없습니다. 억지로 할 수 없는 것을 주장하지 마세요.

817 자녀에게 말을 따를 것인지 아닌지 결과를 선택하게 했을 때 약속한 보상을 항상 지키도록 하세요. 지키지 않으면 권위와 권력이 무너질 것입니다.

818 규칙에 대해 자녀와 다툼이 생길 때마다 규칙 노트를 보여 주세요. 당

225

신과 자녀가 '함께' 규칙을 만들어 쓰고, 규칙을 알고 있다는 서명을 하세요. 자녀가 쓰레기를 치워야 하는지 몰랐다고 주장하거나 밤에 컴퓨터를 사용할 수 있는 권한을 잃어버릴 상황에 맞닥뜨릴 때 규칙 노트를 보여 주세요.

819 제공하는 지시사항의 수를 줄입니다. 먼저, 스스로에게 당신이 자녀에게 내리려는 지시가 필요한지 물어보세요. 필요한 것만 시키세요. 너무 많은 지시를 내리는 것은 반항과 반대의 가능성을 증가시킵니다.

820 아이가 당신이 지시하는 일을 왜 해야 하는지 이해할 수 있도록 도와 주세요. "왜 해야 하지?" "~하면 어떻게 될까?"라고 물어보세요. "왜 옷을 바구니에 넣어야 하지?" 또는 "네가 원하는 대로 먹게 하면 어떤 일이 생길까?"와 같은 질문들을 해 보세요. 아이가 왜 자신이 하기 싫어하는 일을 해야 하는지 더 많이 이해할수록 아이의 반대는 줄어들 것입니다.

821 지시를 내리기 전에, 당신이 끝까지 관철할 준비가 되어 있는지 먼저 결정하고 아이에게 지시하세요. 끝까지 관철하지 않으려면 지시를 내리지 않는 것이 좋습니다. 부모가 일관되게 말할 때 아이는 더 잘 협조할 것입니다.

822 지시를 질문 형태로 말하지 마세요. "지금 방을 치우는 게 어떻겠니?"와 같은 질문을 한다면 아이가 얼마큼 방을 치우기 싫은지를 듣게 될 것입니다. 아이가 방을 치우기를 원한다면 "지금이 네 방을 치울 시간이야."와 같이 직접적인 표현을 사용하세요.

823 지시를 할 때 정중한 표현을 사용하는 것은 괜찮으며 도움이 되기도 합니다. "냅킨으로 입을 닦으면 좋겠구나."와 같은 표현은 질문이 아니면서도 시키고 싶은 것을 말해 주는 것입니다.

824 정중함은 애원과는 다릅니다. "좋겠구나."라는 표현은 괜찮지만, 규칙을 지켜 달라고 애원하지는 마세요.

825 계속해서 반복적으로 지시를 내리는 함정에 빠지지 마세요. 한번 지시를 주고 10초 정도 따를 시간을 주세요. 두 번째로 지시를 주고 다시 한번 기다리세요. 세 번째에는 지시를 따르지 않을 때 생길 대가를 경고해 주세요. 네 번째에는 지시를 하는 대신, 대가를 실행하세요.

826 아이가 자주 저지르는 잘못된 행동의 목록을 작성하고, 자신의 위치에서 해야 하는 대안적인 행동을 작성하세요. 잘못된 행동을 무시하고 대안적인 행동을 매우 크게 칭찬해 주도록 노력해 보세요.

827 "네가 ~하면 ~하게 될 거야."라는 표현을 활용하세요. 이것은 아이가 원하는 것을 당장 하지 못하는 순간에 대처할 수 있게 해 줍니다. 만일 아이가 텔레비전을 보고 싶다고 하면, "안 돼. 숙제할 시간이야."라고 말하는 대신에 "네가 숙제를 끝마치면 텔레비전을 볼 수 있을 거야."라고 말해 주세요. ADHD 아동은 지시를 따른 후에 어떤 긍정적인 사건이 기다리고 있는지를 알 때 더 잘 반응합니다.

828 "하지 말라는 게 아니라……"라는 표현을 사용해서 요구를 거절했을 때 아이가 통제 불능 상태에 빠지는 상황을 피하세요. "안 돼. 성적을 올리기 전까지는 친구 집에서 잘 수 없어."라고 말하는 대신, "친구 집에서 자지 말라는 것이 아니라, 그러기 전에 끝내야 하는 일이 뭐라고 생각하니?"

829 아이의 행동이 성가시거나 부적절한 경우 그 행동을 언급하지 마세요. 대신 성가시거나 부적절한 행동과 동시에 할 수 없는 행동을 시켜 보세요. "숟가락으로 식탁을 두드리지 마."라고 말하는 대신 "거기 그릇 좀 건네 줄래?"라고 말해 보세요. 아이는 그릇을 들기 위해서 숟가락을 내려놓아야 할 것입니다.

830 아이가 지금 하고 있는 행동 대신에 당신이 기대하는 대안적인 행동을 하라고 가르치세요. A하지 말고, 대신에 B하세요. "옷을 바닥에 던지지 말고, 대신에 빨래 바구니에 넣으세요."

831 "~하면 ~할 거야."라는 표현을 사용해서 자신의 행동의 결과를 예상할 수 있도록 도와주세요. "야구 글러브를 바닥에 두면 강아지가 물어뜯어서 가지고 놀 글러브가 없을 거야."

832 분노 폭발을 초래할 수 있는 안 된다는 말 대신에 "그래, ~하면"이라는 표현으로 요청에 대답해 주세요. 요청이 수락되려면 무슨 일을 끝마쳐야 하는지를 알려 주세요. "그래, 방 청소하고 나면 텔레비전을 봐도 돼." 또는

"그래, 돈을 절반 정도 저축하면 그 장난감을 사도 돼."

833 아이가 특정 지시를 따라야 하는 이유에 대한 이해도를 높여 주세요. 아이가 지시에 반발하면 친절하게 "내가 왜 이렇게 하라고 하는 것 같으니?" 라고 물어봐 주세요. 아이에게 그 행동의 이유에 대해 생각할 시간을 주세요. 아이가 이유를 떠올리지 못하면 그때 설명해 주세요. ADHD 아동은 특정 행동을 꼭 해야 하는 이유를 이해한다면 보다 더 협력적이 될 것입니다.

834 어떤 규칙이 협상 불가능한 것인지를 정하세요. 안전벨트 매기, 이 닦기, 허락 없이 집 밖에 나가지 않기와 같은 것은 절대 협상할 수 없고 거절해서도 안 되는 규칙의 예시입니다.

835 아이의 행동에 대한 책임을 물으세요. 아이가 ADHD를 핑계로 삼지 못하게 하세요.

836 아이가 해야 할 행동을 상기시키기 위한 비밀 수신호를 만드세요. 손으로 명치를 대는 것은 진정하도록 노력할 것을 상기시킬 수 있습니다. 눈을 손가락으로 가리키는 것은 눈을 볼 것을 상기시킬 수 있습니다. 귀를 손가락으로 가리키는 것은 들을 것을 상기시킬 수 있습니다.

837 아이의 행동에서 기대하는 것을 구체적으로 말하세요. 자녀에게 "잘해."라고 말하는 것은 모호하며, '잘'한다는 것이 무엇인지 모를 것입니다.

"내 옆에 바로 줄을 서고, 내 옆을 떠나면 안 돼."라고 말하는 것은 자녀에게 정확히 무엇을 해야 할지를 알려 줍니다.

838 그대로 할 것만 말하세요. 잔소리는 아이에게 당신이 하는 말이 진짜가 아니고 말하는 대로 따를 필요가 없다고 가르치는 가장 빠른 방법입니다. 아이는 당신의 짜증 섞인 강의를 듣게 되지만, 여전히 시키는 대로 할 필요는 없을 것입니다.

839 지연버튼(역자 주 - 누르면 소리가 천천히 재생되는 버튼)처럼 소리를 지르는 것을 생각해 보세요. 아이가 말을 듣게 하기 위해서 습관적으로 소리를 지르는 것은 아이에게 당신의 목소리가 높아질 때까지는 말을 들을 필요가 없다고 가르치는 것입니다.

840 매일 아이가 지켜야 할 규칙이 거의 없이 놀고, 소리 내고, 뛰어다닐 수 있는 자유 시간을 정해 주세요. 다시 규칙이 필요할 때 아이가 협력하는 것이 더 쉬워질 것입니다.

841 만일 아이가 특정한 행동이나 할 일에 협조적이지 않다면, 무엇이 아이에게 그 일을 하도록 동기부여를 할 수 있을지 물어보세요. 아이에게 협조하는 데 필요한 사소한 보상을 듣게 되면 당신은 좋은 의미에서 놀라게 될지도 모릅니다.

처벌에 대한 팁

적절하게만 사용된다면, 처벌은 ADHD를 겪지 않는 아동에게는 매우 효과적인 양육도구입니다. 이를 ADHD 아동에게도 적용한다는 것은 일견 논리적으로 보입니다. 하지만 사실은 정반대입니다. 처벌은 종종 상황을 더 악화시킵니다. ADHD 아동은 어떤 이유에서인지 처벌을 받으면 자기 행동을 수정하는 법을 배우지 못하는 것으로 보입니다. 최상의 경우, 처벌은 효과가 거의 없거나 아예 없습니다. 최악의 경우, 분노와 공격성을 일으킵니다. 이따금씩 사용한다면 약간은 도움이 될 수 있습니다. 하지만 긍정적인 접근방법이 장기적으로 더 효과적인 것으로 나타났습니다. 다음 18가지 팁은 처벌을 효과적으로 사용할 수 있도록 도울 것입니다.

842 모든 잘못에 대해 벌을 주는 것은 불가능합니다. ADHD 아동은 아주 많은 부적절한 행동을 하기 때문에 당신이 일일이 벌을 주려고 한다면 밤낮

없이 아이를 처벌해야 할 것입니다.

843 처벌은 가끔씩만 쓰세요. 가장 중요하다고 생각하는 몇 가지 잘못된 행동에 대해서만 벌을 주고, 그동안 덜 중요한 잘못된 행동은 무시하거나 잘 못된 행동을 조절할 수 있는 대안적 방법을 사용하세요.

844 협조에 따라서 보상을 받는 것이 처벌하는 것보다 문제행동을 관리하는 데 훨씬 더 효과적입니다.

845 ADHD 아동은 무엇인가를 잃지 않으려고 할 때보다 무엇인가를 얻을 수 있을 때 훨씬 더 동기부여가 된다는 것을 인식하고 처벌을 활용하세요.

846 매일은 완전히 새로운 날입니다. 어제의 처벌은 끝났으며, 아이는 아침을 즐겁게 시작합니다.

847 ADHD 아동을 때리는 것으로는 잘못된 행동을 멈추게 하지 못합니다.

848 ADHD 아동은 행동에 대한 동기를 빠르게 잃어버리기 때문에 하루 이상 처벌하는 것은 효과가 없습니다. 만일 아동이 일주일 동안 비디오게임을 할 수 없다는 것을 알게 된다면, 무엇을 가지고 아이가 행동하도록 동기를 부여할 수 있을까요?

846. 매일은 완전히 새로운 날입니다.
어제의 처벌은 끝났습니다.

849 개선되지 않는 반복적인 행동에 대해서는 벌을 두 배로 주어서 극적인 변화의 지점을 만드세요. 하지만 두 배를 넘지는 마세요. 그렇지 않으면 아이는 협력할 동기를 모두 잃고 맙니다.

850 처벌을 사용할 때에는 문제행동이 감소하는 것을 목표로 해야지, 문제가 완전히 사라지는 것을 목표로 해서는 안 됩니다. ADHD 아동은 그렇게 할 수 없습니다.

851 성공을 작은 단계들로 정해 두세요. 만일 아이가 하루에 다섯 번 성질을 부린다면 하루에 네 번을 목표로 하고, 일정 기간 동안 성공한다면 하루 세 번을 새로운 목표로 하세요. 한동안 성공한다면 줄이기를 계속하세요. 하루 다섯 번 성질 부리는 상태에서 바로 하루 한 번도 안 하는 것을 목표로 해서는 안 됩니다.

852 아이가 하고 싶어 하는 일들에 대하여, 아이가 권한을 획득해서 사용하도록 하세요. 이것은 아이에게 처음부터 모든 권한을 주고 나서 벌로 하지 못하게 하는 것보다 훨씬 더 동기부여가 될 것입니다. 텔레비전 보기, 컴퓨터 사용 시간, 휴대전화 사용 등과 같은 것들이 획득해서 사용하는 권한입니다.

853 논리적인 대가를 사용하세요. 모든 잘못된 행동에 처벌이 필요한 것이 아닙니다. 만일 아이가 학교에 코트를 가지고 가는 것을 거부한다면, 논

리적인 대가는 아이가 추울 것이라는 것입니다. 만일 그렇게 하지 않으면 자연스럽게 생길 일에 대해 생각함으로써 논리적인 대가를 만들어 보세요. 자연히 많은 대가를 만들어 줄 것입니다. 만일 아이가 당신이 싸 준 점심을 먹는 것을 거절한다면, 아이는 배고플 것입니다.

854 모든 사람은 자기 이야기를 들어주고 이해받기를 원합니다. 처벌이 필요하다고 결정을 내리기 전에 항상 아이에게 자기 입장의 이야기를 말할 기회를 주세요.

855 실수는 좋은 스승입니다. 잘못으로부터 무엇을 배울 수 있는지 자녀와 함께 대화하는 것은 종종 그 행동을 처벌 없이 영원한 교훈으로 바꾸기에 충분합니다.

856 "다음에는 어떻게 할 수 있을까?" 이러한 질문을 하는 것은 앞으로 아이가 자신의 행동에 대해서 생각해 보는 데 더 나은 판단을 할 수 있도록 할 것입니다. 이것이 벌을 주는 것보다 더 효과적일 수 있습니다.

857 갈등 중에 처벌 수준을 높이는 것을 피하십시오. 처벌 수준을 끝까지 올리는 것은 아이를 절망시켜서 더 심한 통제 불능 상태로 만들 것입니다.

858 아이가 우는 것을 처벌하지 마세요. ADHD 아동은 자신의 화를 조절하고 스스로를 진정시키는 데 어려움을 겪습니다. 울음을 그치지 않으면 더

심한 벌을 주겠다고 위협하는 것은 더 많이 울도록 할 것입니다.

859 아이가 적대적 반항장애를 함께 가지고 있다면 처벌이 더욱 효과가 없을 것입니다. 적대적 반항장애를 가진 아이는 종종 처벌에 대하여 분노하고 처벌하는 부모에게 복수하고 싶은 욕구로 반응합니다.

보상에 대한 팁

ADHD 아동을 양육하는 부모님에게 보상은 구원의 은총입니다. 보상 없이는 자녀에게 무엇을 시키려고 하든 고생하게 될 것입니다. 다행스럽게도 대부분의 ADHD 아동은 보상을 얻는 것에 크게 동기가 부여됩니다. 항상 더 많은 것을 원하는 ADHD 아동의 성격 특성은 부모에게 장점으로 작용합니다. 다음 44가지 팁은 자녀의 행동을 조절하도록 하고, 이를 사용하면 자녀가 자신의 할 일을 보다 쉽게 완수하도록 해 줄 것입니다.

860 ADHD 아동에게 자신이 하고 싶지 않은 것을 하게 하려면 무엇이든 매우 높은 수준의 동기부여가 필요하다는 것을 이해하셔야 합니다.

861 아이를 위해 토큰경제를 시작하세요. 적절한 행동이나 할 일을 완수할 때마다 점수나 코인을 주어서 매일 보상이나 특권으로 교환할 수 있도

록 해 주세요.

862 토큰경제를 당신의 새로운 '최고의 친구'로 여기세요. 구조화된 점수 체계가 없다면 자녀가 지시를 따르도록 할 만한 동기부여거리가 거의 없습니다.

863 보상을 주는 것은 뇌물을 주는 것과는 다르다는 것을 알아 두세요. 보상은 잘한 일에 대해 주는 것입니다. 뇌물은 누군가 부도덕하거나 불법적인 일을 하기 위해 보상과 교환하려고 주는 것입니다.

864 보상을 준다면 보상 없이는 어떤 것도 배울 수 없다는 생각을 버리세요. 지금 아이의 행동이 나아지는 것에만 관심을 가지세요.

865 ADHD 아동들은 자존감이나 자기만족 같은 내적 보상에 의해 움직이지 않는다는 것을 이해해야 합니다. ADHD 아동의 대부분은 자신이 협조하는 것과 할 일을 완수한 대가로 보상을 요구할 것입니다.

866 자녀가 열심히 일하는 사람이 커다란 보상을 받는다는 철학을 가지기 원한다면 현재 자녀의 행동에 보상을 주면서 키워야 합니다.

867 토큰경제가 아이를 망칠 것이라고 걱정하지 마세요. 우리의 경제 전체가 보상에 바탕을 두고 있습니다. 급여는 직장에 출근하고 채용된 일을 하

는 것에 대한 보상입니다. 토큰경제는 아이에게 학교에서 최선을 다하고 적절한 행동을 하는 등 자기 일을 하는 것에는 보상이 있음을 가르쳐 줍니다.

868 날마다 아이가 해야 할 행동에 대한 설명, 각 행동과 할 일별로 몇 점을 받을 수 있는지와 같은 토큰경제 상황을 행동기록표에 기록해 두세요.

869 한 주를 어떻게 보냈는지 보기 쉽게 한 주에 기록표 하나씩을 사용하세요.

870 기록표를 아이가 보기 쉬운 곳에 붙여 두세요.

871 기록표를 모아서 철하거나 파일을 만들어 월간, 연간 진행도를 확인할 수 있도록 하세요.

872 아이의 증상이 심할수록 더 많은 행동이 리스트에 오를 것이고, 아이는 점수를 받을 기회가 늘어나게 될 것입니다.

873 자녀와 함께 보상 및 권한 메뉴를 만들고 각각에 대한 점수값을 정해 보세요. 자녀가 원하는 물건이나 특권을 정하세요. 껌 하나, 친구 집에서 자는 것부터 새로운 자전거를 선물로 받기나 놀이동산 가기까지로 정할 수 있습니다.

870. 아이가 보기 쉬운 곳에 기록표를 붙여 두세요.

874 보상은 아이가 그것을 얻기 위해 애쓸 마음이 들 때에만 동기부여를 할 수 있습니다. 목록의 특권과 물건이 부모가 아닌 아이의 선택인지를 분명히 하세요. 부모님은 아이와 마트에서 하루를 보내는 것을 아주 좋은 생각이라고 여길 수 있지만, 아이가 쇼핑을 좋아하지 않는다면 그것은 보상이 될 수 없습니다.

875 보상 메뉴에는 매일 얻을 수 있는 많은 항목과 특권, 단기간에 모을 수 있는 것, 장기간 모아야 하는 것 등이 포함되어야 합니다.

876 보상 메뉴를 아이가 쉽게 볼 수 있는 곳에 게시해서 아이가 목록에 있는 물건과 특권을 얻기 위해 동기부여할 수 있도록 하세요.

877 새로운 보상과 특권이 추가될 때마다 아이가 지속적으로 동기부여가 되도록 메뉴를 계속 추가해 주세요. 목표는 충분히 점수를 얻을 수 있도록 해 주고, 낮은 대가의 보상과 특권을 구성하여 아이가 매일 점수를 사용할 수 있게 하는 것입니다. 만일 점수를 벌고 저축하는 것이 너무 어렵다면 아이가 매우 빠르게 흥미를 잃어버리게 될 것입니다.

878 ADHD 아동은 만족을 지연시키는 것이 매우 어려우며 보상을 주말이나 월말까지 기다릴 수 없다는 것을 기억하세요. 아이가 매일 점수를 사용할 수 있도록 해 주세요. 아이가 매일 잘하면 매일 보상을 받을 것이라는 생각을 자리 잡게 해야 합니다.

879 당신이 얼마나 피곤한 것과 관계없이 매일 보상을 주고 특권을 누리도록 해 주어야 합니다. 자녀가 얻은 보상이나 특권을 하루라도 허용하지 않으면, 그것만으로도 충분히 계획을 망칠 수 있습니다.

880 점수 사용의 예외는 학교에서 정학을 받은 일과 같은 심각한 수준의 문제들에 해당됩니다. 정학 기간에 점수를 적립할 수는 있지만 사용하지 못하도록 할 수 있습니다.

881 점수마다 금액을 부여하여서 아이가 점수를 적립하여 물건을 사거나 자신이 원하는 활동을 할 수 있게 합니다. 1점당 50원 정도가 합리적입니다. 보상에 대한 예산을 고려하고 그에 따라 점수를 할당하세요. 만일 아이가 2만 원 정도의 물건을 원한다면 얼마나 자주 사 줄 수 있는지를 생각해 보세요. 쉽게 사 줄 수 있다 하더라도 일주일에 한 번 정도로 맞추세요.

882 아이가 무언가를 사기 위해 충분한 점수를 저축하는 것을 너무 쉽거나 너무 어렵게 만들지 마세요. 아이가 보상을 위해 노력하면서도 의욕을 잃을 정도로 오래 기다리게 해서는 안 됩니다.

883 아이가 값비싼 물건을 보상목록에 넣기를 원한다면 얼마든지 상관없이 추가해 주세요. 단, 여기에 적절한 점수 값을 할당하기만 하면 됩니다. 즉, 점수를 다 모으는 데 6개월이나 6년도 걸릴 수 있습니다.

884 보상에 돈이 얼마나 들든지 간에 아이에게 지나치게 많이 주지 마세요. 아이는 자신이 원하는 것을 위해 일하는 것과 저축하는 것의 가치를 알아야 합니다.

885 보상에 쓰이는 돈을 나이에 알맞게 해 주세요. 10만 원어치의 쇼핑은 초등학생에게는 적당하지 않지만 고등학생에게는 적합할 수 있습니다.

886 지나치게 많은 보상은 자녀에게 만족을 지연시키는 방법을 가르칠 수 없게 만든다는 것을 기억하세요.

887 보상은 비용이 들지 않아도 됩니다. 사실 보상은 대부분 무료이거나 매우 낮은 가격이어야 합니다. 자녀에게 저절로 주는 많은 것이 보상으로 바뀔 수 있습니다. 영화를 보는 것, 피자를 먹으러 나가는 것, 디저트를 먹는 것, 공원에 가는 것, 늦게까지 노는 것 등 부모님이 이미 쓰고 있는 것보다 비용이 더 들지 않으면서도 보상이 될 수 있습니다.

888 기본적인 의식주와 건강관리를 제외한 모든 것을 보상으로 사용할 수 있습니다. 부모님과의 특별한 놀이 시간, 엄마와 산책하기, 아빠와 자전거 타기, 부모님과 보드게임하기 등은 모두 아이가 받을 수 있는 무료 보상의 예시입니다.

889 저절로 이루어지는 경우 외에 부모와 함께 재미있는 활동을 하며 시간

을 보내는 것은 부모님과 아이가 더 많은 시간을 함께 보낼 수 있도록 도와줄 것입니다. 대부분의 ADHD 아동은 부모님과 함께 특별한 시간을 보내기를 원하고, 그것을 얻기 위해 열심히 노력하도록 동기부여가 됩니다.

890 점수는 숙제가 끝난 후에만 사용할 수 있습니다.

891 컴퓨터, 비디오게임, 텔레비전 시청 시간은 보상에 해당하지, 침해해서는 안 되는 권리가 아니기 때문에 벌어서 써야 합니다. 일반적으로 10점에 30분이 원칙입니다.

892 점수체계를 사용하는 것은 자녀에게 여가 시간에 우선순위를 정하는 방법을 가르쳐 줍니다. 만일 텔레비전을 무제한으로 볼 수 있다면 아이는 거기에 몇 시간을 소비할 것입니다. 만일 아이에게 점수를 어떻게 쓸 것인지 선택하도록 한다면 텔레비전을 덜 보고 다른 보상과 특권에 자신의 점수를 쓰거나 독서와 같이 언제든지 할 수 있는 활동을 선택할 가능성이 훨씬 더 높습니다.

893 주중과 주말에 무엇을 보는 시간의 상한선을 설정해 두세요. 아이가 100점을 받았다고 해서 300분인 5시간 동안 쉬지 않고 비디오게임을 해도 된다는 것은 아닙니다.

894 보상은 아이에게 물질적인 것들에 대해 신중하도록 가르칩니다. 아이

가 원하는 것을 다 가질 수 있다면 아이는 눈에 보이는 모든 장난감을 하나하나 모두 갖고 싶어 할 것입니다. 만일 아이가 점수를 모아서 자신이 원하고 지불할 수 있는 것을 얻게 된다면 더 선택적이고 덜 까다롭게 되고 자신이 얻은 물건에 대해 더 감사하는 마음을 갖게 될 것입니다.

895 아이가 특권을 위해 자신의 점수를 쓰는 것에 대해 일정 수준 자유롭게 해 주세요. 어떤 부모도 아이가 텔레비전을 많이 보거나 사탕을 많이 먹는 것을 원치 않지만, 이러한 것들은 자녀의 협력을 극적으로 증가시킬 수 있는 매우 강력한 동기부여가 될 수 있습니다.

896 보너스 점수를 많이 주세요. 아이가 시키지 않았는데도 스스로 추가적으로 한 일, 친절한 태도, 상기시켜 주지 않아도 알아서 한 집안일 등은 보너스 점수를 받을 가치가 있습니다. 보너스 점수의 적절한 기준은 친절한 태도나 한 일마다 5점을 주는 것입니다.

897 점수를 많이 주세요. 아이가 점수 프로그램을 통해서 '좋은 일을 하면 좋은 보상을 받는다'는 것을 배우기 원하실 것입니다. 너그럽게 대하고 아이가 점수를 얻을 수 있는 쉬운 방법을 만들어 주세요.

898 아무런 지시 없이 할 일을 수행한 경우에는 4점의 보너스 점수와 1점의 할 일 수행 점수를 줍니다.

899 한 번 지시했을 때 수행한 작업은 3점의 보너스 점수와 1점의 할 일 수행 점수를 줍니다.

900 두 번 이상의 지시를 했을 때 한 일은 1점만 획득합니다.

901 하지 않은 일은 0점을 줍니다.

902 이미 얻은 점수를 빼앗지 마세요. 이 전략은 장애가 없는 아동에게는 도움이 되겠지만, ADHD 아동에게는 재앙이 될 수 있습니다. 이미 얻은 점수를 없애는 것은 분노, 좌절 그리고 더 많은 점수를 벌기 위해 계속 노력하는 의욕을 잃는 결과를 낳습니다.

903 보상과 특권에 드는 점수를 높여서 인플레이션을 만들지 마세요. 이는 아이가 의욕을 잃게 하고 토큰경제를 망치게 될 것입니다.

분노발작에 대한 팁

ADHD 아동은 유아기가 지나고 한참 뒤까지 분노발작을 보일 수 있습니다. 분노발작(tantrums)은 고집이 센 아이가 자신이 원하는 것을 얻기 위한 방법으로 보일 수 있지만, 최근 연구를 통해서 ADHD 아동은 스스로를 진정시킬 수 있는 뇌 영역이 발달되지 않은 탓임을 알게 되었습니다. 만일 부모님이 자녀가 자신을 조종하고 있다는 가정 대신에 이러한 가설을 바탕으로 자녀를 대한다면 더욱 효과적인 전략으로 자녀를 대할 수 있습니다. 분노발작을 관리하고 감소시킬 수 있는 다음 28가지 팁을 활용해 보세요.

904 분노발작을 부모를 조종하기 위한 의도적인 대본이라고 여기지 마세요. ADHD 아동은 종종 자신의 화난 마음을 진정시킬 수 있는 두뇌발달이 부족하기 때문에 분노발작을 일으킵니다.

905 분노발작을 가능한 한 자주 무시하세요. 무시하라는 것은 분노발작을 일으키는 도중에는 아이를 쳐다보거나, 안아 주거나, 대화하는 것을 금한다는 뜻입니다.

906 분노발작을 무시하는 동안, 아이에게 아무런 위험이 없는지를 확인하세요. 아이의 안전을 지켜 줘야 할 상황이 되면 그렇게 하되, 그 후에는 멈출 때까지 다시 무시하세요.

907 분노발작 중에는 이유를 묻지 마세요. 분노발작 중에는 뇌의 정서적인 부분이 아이의 행동을 지시하고 있기 때문에 논리적인 부분을 사용할 수가 없습니다.

908 분노발작 이후에는 연설이나 긴 대화는 피하세요. 아이가 진정된 다음에는 가능한 한 빨리 평상시처럼 할 일을 하세요. 일단 아이가 진정되고 나면 모든 것이 일상으로 돌아온다는 점과 아이가 빨리 진정할수록 더 빨리 정상으로 돌아온다는 것을 아이가 배우게 될 것입니다.

909 분노발작이 끝나자마자 이를 일으켰던 지시나 상황으로 돌아오세요. "이제 목욕할 시간이야."라는 말이 분노발작을 일으켰다면 그 지시를 반복하세요. 분노발작이 자신에게 요구되었던 상황에서 빠져나가도록 해 주는 것이 아니라는 것을 아이가 알게 될 것입니다.

910 신체적으로 분노발작을 멈추려고 하지 마세요. 만일 아이가 분노발작을 일으키는 동안 방을 엉망진창으로 만들어 놓는다면 아이와 자신에게 해가 없는 한 그대로 두세요. 무시하고 분노발작이 끝나서 그것을 일으킨 처음의 지시를 아이가 따라야 하는 상황이 되었을 때, 아이는 자신의 방을 청소해야 할 것입니다.

911 분노발작 중에 파손된 불필요한 물건은 바꿔 주지 마세요. 만일 아이가 물건을 망가뜨리면 그것을 잃는다는 것을 배울 필요가 있습니다.

912 분노발작으로 망가진 물건들은 아이가 바꾸도록 하세요. 자기 돈으로 지불하거나 집안일을 해서 갚을 수 있습니다.

913 분노발작을 무시하기 시작할 때 분노발작이 더 강렬해지고 더 오래 지속될 것에 대비하세요. 이는 부모님이 굴복하고 반응하게 만들기 위한 자녀의 방법입니다. 안전문제가 없는 한 분노발작이 발산되도록 내버려 두어서 아이에게 분노발작을 보이고 통제를 잃어버린다고 해서 자신의 뜻대로 되는 것이 아니라는 것을 배울 수 있게 하세요.

914 안전이 문제가 안 된다면 분노발작이 일어나는 동안 방 밖으로 나가세요. 분노발작은 누군가 그것을 지켜봐 주지 않으면 소용이 없습니다. 당신이 방 밖으로 나가면 아이는 관심을 보이는 대상인 청중을 잃게 됩니다. 아이가 부모님을 쫓아다닐 테지만 자신의 할 일을 지속하세요.

915 분노발작에서 벗어나면 아이가 취할 수 있는 대안적인 행동을 알려 주세요. "분노발작이 끝나면 식탁으로 와서 저녁을 마저 먹으렴."

916 분노발작의 지속시간과 빈도를 기록해 두어서 부모님의 반응이 도움이 되는지를 모니터링하세요. 다만, 기록하고 있다는 사실은 아이가 모르게 하세요. 이는 부모님을 위한 정보이지 아이를 위한 것이 아닙니다.

917 아이에게 분노발작을 멈추고 그러지 않으면 끝날 때까지 방에 있으라고 지시하세요.

918 분노발작 후에는 일상으로 돌아가세요. 아이가 분노발작 후에는 과도한 긍정적인 관심이 따른다고 학습하게 되어서는 안 됩니다. 일반적인 관심을 보여서도 안 되지만, 특별히 달래 주는 과정이 있어서도 안 됩니다.

919 분노발작 동안에 어떤 종류의 처벌이나 위협도 주지 마세요. 이는 화와 분노를 더하고, 통제 불능 상태를 더 높일 뿐입니다.

920 아이가 부모님을 조종하기 위해서 일부러 분노발작을 일으킨다고 가정하지 마세요. 이는 부모님을 더 화나게 하고, 자신을 진정시키고 무시하는 기술을 사용하기 더 힘들게 할 뿐입니다.

921 문제에 대해서 이야기함으로써 분노발작을 예방하세요. 아이가 분노

발작을 일으키기 직전일 때 "무슨 일로 화가 났는지 말해 주면 나와 같이 어떻게 할 수 있을지 생각해 보자."라고 말해 분노발작을 일으키지 않도록 아이를 유도해 주세요.

922 아이가 화를 잘 조절할 때 칭찬해 줌으로써 이후의 분노발작을 예방하세요. "늦게까지 놀지 못하는 것에 화가 났다고 말하는 방식이 마음에 들어. 아주 잘 해냈구나!"

923 부모님이 화가 나셨을 때 성인 분노발작을 보여서는 안 됩니다. 아이는 부모님이 어떻게 화를 내는지 보고 들음으로써 자신의 감정을 표현하고 적절히 조절하는 방법을 배웁니다.

924 아이가 분노발작을 일으킨다고 아이가 담당한 집안일을 하지 마세요. 아이가 장난감을 정리하지 않아서 분노발작을 일으킬 때, 당신 스스로 정리하고 싶은 유혹에 맞서세요. 그렇지 않으면 아이는 자신이 분노발작을 하게 되면 부모님이 집안일을 해 줄 것이라고 배우게 될 것입니다.

925 분노발작에 지지 마세요. 안 된다고 했으면 분노발작이 아무리 심하고 당신을 아무리 절망시키더라도 안 된다는 것을 유지하세요. 만일 지게 된다면 다음 번 분노발작 때 자책하게 될 뿐입니다. 아이에게 충분히 오랫동안 분노발작을 일으키면 자기 뜻대로 할 수 있다고 가르친 것이 부모님 자신일 테니까요.

926 분노발작을 멈출 수 있는 것은 부모님이 아닙니다. 오직 아이만이 멈출 수 있습니다.

927 아이가 소리를 지르거나 우는 것을 멈추게 만들기 위해서 부모님이 할 수 있는 것은 없습니다. 그러니 시도하지 마세요.

928 아이가 통제력을 상실할 위험이 큰 상황에 처하지 않도록 함으로써 분노발작을 피하세요. 마트에 갔을 때 아이가 거의 매번 분노발작을 한다는 것을 알고 있다면 아이가 부모님과 반드시 함께 갈 필요가 없는 시간에 가도록 일정을 조정하세요.

929 '분노발작 방지 키트'를 가지고 다님으로써 분노발작을 예방하세요. 과자, 음료수, 장난감, 책, 음악 등 아이가 행복해하고 진정할 수 있도록 도와주는 아이템을 해당 키트에 넣어 주세요.

930 아이의 한계를 알고 거기에 맞춰 계획을 세우세요. 아이가 화를 내는 상황을 기록해서 무엇이 문제인지 알 수 있도록 해 주세요. 상황을 피하거나 변경하여 화나는 것을 예방할 수 있습니다.

931 분노발작이 일어나는 동안 부모님의 감정을 스스로 조절하세요. 부모님이 조절 불가 상태가 되면 아이는 자기감정을 조절할 수 없을 것입니다.

시간 관리에 대한 팁

ADHD 아동은 시간 관념을 유지하는 것이 어렵습니다. 지루한 할 일들은 아동에게 영원히 지속되는 것처럼 느껴져서 어물거리거나 미루고 다양한 방법으로 탈출을 시도합니다. 어떤 아동은 일을 끝내는 데 걸리는 시간보다 미루는 데 더 많은 시간을 보낼 것입니다. 반면, 재미있는 활동은 항상 너무 빨리 끝나서 끝내야 할 때 감정적으로 매우 힘듭니다. 시간 관리는 ADHD아동이 잘하지 못하는 대표적인 전두엽 과제입니다. 부모님이 대신 아동의 전두엽이 되어 주어서 예상보다 훨씬 긴 기간 동안 아동을 관리해 주어야 합니다. 다행히도 다음 12가지 팁의 도움을 받을 수 있습니다.

932 ADHD 아동은 시간 개념이 부족하다는 것을 이해해 주세요. 시계를 잘 읽을 수 있게 된 후에도 활동에 몰입해 있으면 시간을 예측하거나 얼마나 지났는지를 확인하는 데 서툽니다.

933 여러 개의 타이머가 있는 시계를 활용하여 자녀가 예정된 할 일을 할 수 있도록 지도해 주세요.

934 자녀의 방 벽에 해야 할 일과 언제 끝마쳐야 하는지 적혀 있는 주중 일정표를 붙여 두세요.

935 일정표에 기록되어 있지 않다면 그 할 일은 아이가 할 것을 기대하지 마세요. 일어나기, 먹기, 양치하기, 차 타기, 숙제하기, 자유 시간, 목욕 시간 등 일상적인 할 일들을 포함시키는 것을 잊지 마세요.

936 짧게 걸리는 할 일들은 '시간 재기 놀이'를 통해 시간을 모니터링하는 방법을 가르쳐 주세요. 예를 들어, 타이머를 설정하고 울리기 전까지 아이가 침대 정돈을 하도록 합니다. 침대 정돈을 해서 점수를 받을 수 있고, 시간 내에 끝마치면 보너스 점수를 줍니다.

937 '얼마나 걸릴지 맞추기 놀이'를 통하여 아이가 시간을 예측하는 법을 배울 수 있도록 도와주세요. 장난감 상자에 모든 장난감을 집어넣는 데 시간이 얼마나 걸릴지 예측하게 하세요. 초시계를 설정하고 시간을 재 주세요. 할 일을 마무리하기에 점수를 얻게 되며, 아이가 추측한 시간보다 빨랐거나 추측한 시간보다 1분 이상 넘기지 않고 완료한 경우에는 보너스 점수를 주세요.

938 부모님이 할 일을 하실 때 아이가 시간을 재 보도록 해 주세요. 아이는

부모님이 '시간 재기'를 하는 것을 보면서 시간을 관리하는 법을 배우게 됩니다.

939 벽에 붙이는 일정표에 완수해야 하는 할 일과 각각의 해당되는 사진을 넣어 주고 그 옆에는 언제까지 완료되어야 하는지를 적어 주세요.

940 '할 일'과 '완료'라는 두 가지 열이 있는 할 일 게시판을 만들어 주세요. 할 일 카드를 만들어서 할 일을 하고 나면 '할 일' 열에 있는 카드를 '완료' 열로 옮겨 주세요. 할 일 게시판은 펠트에 벨크로로 카드를 붙일 수 있도록 만들거나, 화이트보드에 썼다 지웠다 할 수 있게 만들거나, 냉장고에 자석을 사용하여서 붙이는 방식으로 만들 수 있습니다.

941 아이가 할 일을 하는 데 얼마나 걸리는지를 관찰하고 필요하다면 시간을 조절하세요. 만일 할 일이 당신이 원래 생각했던 것보다 오래 걸린다면 시간을 조절해 주어서 아이가 성공할 수 있도록 해 주세요.

942 아이가 할 일을 하는 동안 당신이 부근에 서 있어야 할 수도 있습니다. 어린아이와 대부분의 ADHD 아동에게는 그렇습니다. 아이가 계속해서 혼자서 자신의 할 일을 완료하지 못하는 것은 시간 내에 자신의 할 일을 하기 위해서 옆에 부모님이 계시거나 어떻게 하라고 가르쳐 줄 필요가 있다는 뜻입니다.

943 아이가 주어진 일을 완수하기 위한 시간이 얼마나 남았는지 알 수 있도록 카운트다운을 해 주세요. 10분, 5분, 1분 간격의 카운트다운이 도움이 됩니다.

부모의 결혼생활을 위한 팁

자녀의 ADHD가 당신의 결혼생활에 어느 정도로 영향을 미치는지에 관심을 기울이세요. ADHD가 없는 아동의 부모와 비교하여 ADHD 아동의 부모는 아이가 8세가 되었을 때 이혼할 가능성이 두 배입니다. 다음 18가지 팁은 이 통계대로 되지 않도록 도움을 줄 것입니다.

944 배우자는 아이의 행복과 성공을 위한 파트너입니다.

945 ADHD 아동을 키울 수 있는 유일한 방법은 팀 육아입니다.

946 배우자가 아이와 문제를 겪고 있는 경우, 당신이 생각하기에는 아이가 잘못한 것이 없는 것 같더라도, 여전히 배우자와 팀을 이루어서 함께 작업해야 합니다.

947 결혼생활을 긍정적으로 유지하기 위해 노력하세요. 육아 문제로 인해 결혼생활에 부정적인 영향을 주지 않겠다고 맹세하세요.

948 둘 중 한 분이 ADHD 진단에 동의하지 않았다 할지라도, 아이의 삶에 관여해야 하는 것은 두 분 모두입니다.

949 배우자가 아이의 ADHD를 유발시킨 것이 아니라는 사실을 기억하세요. 배우자가 ADHD를 가지고 있는 경우에도 마찬가지입니다.

950 자녀의 행동으로 인해 싸우는 것은 잘못된 행동을 다루는 방식에 동의하지 않았다는 분명한 신호입니다.

951 매주 자녀와 떨어져 있는 시간을 계획하세요. 자녀가 텔레비전을 보는 동안 다른 방에서 부부가 함께 이야기하는 정도의 시간도 가능합니다.

952 부모가 번갈아 가면서 자유 시간을 가지세요. 그렇게 단 몇 시간이라도 한 분씩 자녀, 집, 책임에서 벗어난 시간을 가질 수 있습니다.

953 자녀를 돌보는 의무를 돌아가면서 맡으면 똑같은 일을 하고 또 하는 데서 오는 소진을 예방할 수 있습니다.

954 배우자가 내린 특정한 결정에 동의하지 않더라도 한 팀처럼 행동하십

947. 결혼 생활을 긍정적으로 유지하기 위해 노력하세요.

시오. 둘 만의 시간에 어떻게 처리해야 했는지 이야기할 수 있습니다.

955 두 분은 부모가 되기 전에 부부였습니다. 자녀를 낳은 뒤에도 부부인 것을 잊지 마세요.

956 아이를 돌봐 줄 사람을 구하고 둘이 데이트를 하세요.

957 두 분이 함께 ADHD에 대해 알아보세요. 둘 모두에게 지식이 많을수록 양육이 쉬워질 것입니다.

958 양육을 다른 상대편 부모에게 맡기지 마세요. 당신의 몫을 하십시오.

959 자녀의 행동을 결혼생활에 있어서 갈등의 원인으로 여기지 않고 단지 함께 해결책을 찾아야 하는 문제가 되게 하겠다고 약속하십시오.

960 배우자를 자녀양육의 파트너로 생각하세요.

961 이혼한 부모도 여전히 자녀양육의 파트너이며 동등하게 참여해야 합니다.

방학을 위한 팁

학교를 나가지 않는 기간은 ADHD 아동이 소속된 가족에게 인생에서 가장 행복한 시간이 될 수 있습니다. 일찍 일어나고, 학교에 가고, 숙제를 해야 하고, 제때 잠자리에 들어야 하는 스트레스는 학교를 벗어나면 사라집니다. 그렇지만 아이는 방학 중이더라도 증상은 그렇지 않습니다. 다음 33가지 팁은 방학을 연중에 가장 행복한 시간으로 만들어 주는 풍성한 방법들을 제공해 줍니다.

962 자녀에게 방학 숙제를 내 주지 않는 것을 선생님과 상의해 보세요. 어른들은 휴가 기간에 일할 필요가 없습니다. 아이들은 해야 할까요? 방학은 일상생활의 일반적인 스트레스와 할 일들에서 벗어나 휴식과 즐거움을 위한 시간입니다. 따라서 숙제나 학교 과제와 같은 일에서 자유로워야 합니다.

963 방학 시간을 계획할 때, 아이가 가장 잘 수행할 수 있는 방법을 생각

하세요. 아이가 자신이 열중해서 참여할 수 있는 여러 개의 구조화된 활동을 할 때 더 나은 행동을 보이나요? 너무 많은 제약 없이 그저 놀 수 있는 자유 시간을 많이 가질 때 편안하고 침착해 보이나요?

964 장거리 여행을 할 경우, 혼자 할 때보다 더 긴 휴식 시간을 계획하십시오. 아이가 앉아서 스스로를 붙잡아 두어야 하는 식당에서 식사하는 대신, 음식을 가져와서 피크닉을 할 수 있는 공원을 찾아 잠시 아이가 뛰어다닐 수 있도록 하세요.

965 장거리 여행을 하는 동안 아이가 전자기기에서 떨어져 있는 시간을 갖고자 한다면, 끝말잇기나 번호판 숫자놀이와 같은 옛날 방식의 놀이를 준비하세요.

966 헤드폰으로 들려주거나 자동차 오디오로 온 가족이 다 같이 즐길 수 있는 음성지원이 되는 책을 준비해서 아이가 지루해하지 않도록 해 주세요.

967 비행기로 여행을 할 때는 여러 가지 놀거리를 준비해 주세요. 3시간 비행에는 공항 도착, 주차, 체크인, 보안 통과, 대기, 탑승, 이륙 대기, 비행, 하차, 도보 및 수하물 대기, 목적지까지 이동을 포함하여 약 7시간 정도가 소요된다는 점을 고려하세요. 이는 비행기로 하는 여행이라는 스트레스가 높은 환경에서 아이 스스로 자신을 조절하기에는 긴 시간입니다.

968 음소거 버튼이 있는 전자게임기, 헤드폰이 있는 DVD 플레이어, 낱말 퍼즐, 만화책 등과 같이 비행기 안에서 다른 승객을 방해하지 않는 조용한 활동들을 준비해 주세요.

969 휴가의 유형을 선택할 때 자녀의 행동방식을 고려하세요. 과도하게 활동적인 아이는 다른 여행자들을 배려해야 하는 그룹 투어는 어려울 것입니다. 시끄럽고 쉽게 지루해하는 아이도 박물관 탐방은 힘들어할 것입니다.

970 휴가 일정에 아이가 관심 있어 하는 주제나 활동이 포함되어 있어야 더 즐거워할 것임을 유의하세요. 우주에 관심 있는 아이는 우주센터나 우주 박물관을 방문하는 것을 좋아합니다. 바다 생물에 관심 있는 아이는 수족관을 방문하는 것을 즐길 것입니다.

971 휴가 중에 '자유 시간' 일정을 만들어 두어서 아이가 놀고, 쉬고 읽는 등의 활동을 할 기회를 주세요.

972 휴가를 위한 가족 규칙 목록을 만드는 것에 아이가 참여하도록 하세요. 공항에서의 행동, 자동차에서의 행동, 줄 서서 기다리기 활동, 할머니 집에서의 행동 등과 같은 범주를 만들어서 물어보세요. 규칙이 아이만을 위한 것이 아닌 '가족 규칙'이 된다면 더 많은 협력을 얻을 수 있습니다. 부모님도 규칙을 따라야 한다면 아이는 더 기꺼이 규칙을 따를 것입니다.

973 방학 중 자녀의 텔레비전 시청이나 컴퓨터 사용 시간을 어느 정도로 허용할 것인지를 고려하세요. 학기 중보다는 관대하게 더 많은 시간을 허락해 줄 수 있지만, 방학이라 할지라도 비디오게임, 컴퓨터, 텔레비전을 무제한으로 이용하도록 해 주는 것은 좋은 생각이 아닙니다.

974 가족 친화적인 숙소를 선택하면 다른 손님들에게 민폐를 끼칠까 염려하거나 부모님과 아이가 화나게 되는 상황을 걱정하지 않아도 됩니다.

975 수영장이 있는 숙소를 선택하면 아이의 에너지를 소모하고 동시에 즐거운 시간을 가지도록 할 수 있습니다.

976 아주 활동적인 아이를 위해서는 하루의 주요 활동 전에 약간의 에너지를 발산시키기 위해 격렬한 신체 활동을 시키는 것을 생각해 보세요. 수영장에서의 한 시간 수영은 박물관 여행을 덜 정신없게 할 것입니다.

977 비닐봉지별로 양말, 셔츠, 바지, 속옷, 겉옷 등이 들어가 있는 옷 한 벌씩을 포장해 가세요. 아이는 빠르게 옷을 입을 수 있고 가방은 정리된 상태로 유지가 됩니다.

978 10대 아이는 스스로 짐을 싸고 싶어 할 것입니다. 아이의 계획을 모두 펼쳐 놓고 함께 검토해 주세요. 아이는 자신이 충분히 가져가는지, 너무 많은 것을 가져가는지를 다른 시각으로 볼 수 있게 됩니다. 날씨, 활동, 문화적 환

경에 맞게 골랐는지를 확인해 주세요.

979 아이와 함께 즐길 수 있도록 아이 중심의 휴가를 선택하세요. 유람선, 호텔, 입맛에 맞는 식사가 제공되는 리조트 등이 좋은 선택입니다.

980 아이 중심의 일상 활동을 선택하세요. 와이너리(혹은 와인 양조장)에서 시음회를 하는 날은 재앙이 될 것이 틀림없고, 해변에서 보내는 날은 대부분의 아이에게 즐거운 날이 될 것임을 보장합니다.

981 자녀가 할 수 있는 활동을 선택해서 지루함을 줄이세요. 하이킹은 어떤 아이에게는 지루하겠지만, 아이가 어린이 산림체험 프로그램에 참여한다면 더 많은 관심을 갖고 즐길 수 있습니다. 박물관에 도장을 받는 활동이 없다면 아이는 구경하는 것을 지루해할 수 있습니다.

982 자녀가 관심 없어 하는 명소를 방문할 때에는 자녀가 할 수 있는 게임을 직접 만드세요. 미술관을 방문하는 것이 지루할 수 있지만, 자녀가 보는 모든 그림에 몇 명의 아기가 있는지 세어 보도록 한다면 불평하는 대신 열정적으로 즐길 수 있습니다.

983 명소를 방문할 때 퀴즈 게임을 만들어 보세요. 명소에서 배울 사실을 인터넷이나 가이드북에서 찾아보세요. 다양한 색상의 종이에 몇 가지 질문을 적고 목적지에 도착하면 자녀와 퀴즈 게임을 할 수 있습니다. 모든 질문

에 답을 맞추면(아이를 도와주셔야 합니다!) 방문이 끝날 때 상을 주기로 약속하세요. 우주센터를 방문하면 "최초의 인공위성은 무엇이었습니까?" "달 위를 걸은 최초의 사람은 누구입니까?" "사람이 우주에서 보낸 최장 시간은 얼마나 될까요?" 등과 같은 질문을 만들 수 있습니다.

984 하루에 너무 많은 활동을 계획하지 마세요.

985 자녀와 떨어질 가능성이 있는 경우, 즉각적인 연락을 할 수 있도록 무전기(역자 주-무전기 사용은 집과 학교처럼 생각보다 먼 거리까지 작동하고, 휴대전화처럼 시선을 빼앗기지 않으면서 벨을 울리지 않고 즉각 목소리를 들을 수 있다는 장점이 있다.)를 사용하십시오.

986 자녀가 갈 수 있는 곳과 건너가서는 안 되는 곳의 경계를 정해 주세요.

987 자녀의 이름과 부모님의 휴대전화 번호가 적혀 있는 팔찌나 밴드를 손목에 채워 주세요. 인터넷 쇼핑에서 저렴하게 주문할 수 있습니다.

988 자녀의 행동에서 몇 번의 통제 불능이 있을 것이라고 예상하고 그것이 여행을 망친다고 여기지 않도록 하십시오. 여행은 모두를 불안하게 만들 수 있습니다. 인내심을 갖고, 자녀의 행동 통제가 힘들어지면 그 상황이 일어나게 두고, 끝나고 나면 계속 일정을 나아가십시오.

989 자녀가 시키지 않아도 적절히 행동하거나 친절하게 도와준다면 언제든지 줄 수 있도록 '칭찬 코인'을 가지고 가세요. 여행의 마지막 날, 아이가 기념품을 사기 위해 코인과 돈을 교환할 수 있습니다. 여행 기간과 예상되는 점수에 따라 코인당 10원, 50원, 100원, 500원 등으로 현금의 가치를 미리 정해 두세요.

990 코인 대신에 '칭찬 코인' 점수를 기록할 수 있는 작은 스프링 메모장과 펜을 아이에게 주는 방법도 있습니다. 아이는 코인이나 점수를 얻을 때마다 표시하는 것을 재미있어할 것입니다. 여행이 계속됨에 따라 점점 더 많은 점수를 얻을 때마다 스스로 뿌듯해할 것입니다.

991 아이가 방학 기간을 집에서 보내야 할 경우, 아이와 부모 자신에게 일 년 중에 재미있고 특별한 시간으로 기억되도록 특별한 활동을 계획하세요. 이렇게 하면 아이의 방학 기간이 더 즐겁고 기대할 만한 특별한 활동이 많다는 사실을 알고 학기 중에도 최선을 다하도록 동기를 부여할 수 있습니다.

992 방학 기간에 자유롭게 시간을 보내면서 제한적으로 구조화된 상태로 집에서 지내는 것이 나은지, 누군가 지켜봐 주면서 몰입해서 활동하는 높은 수준으로 구조화된 캠프가 필요할지를 생각해 보세요.

993 집에서 보내는 방학 시간표를 만들되, 유연성을 부여하세요. 아이는 일부 구조화된 하루 일정이 있으면 더 잘 기능할 것입니다. 평소보다 늦게 잠을

자고 잠옷을 입은 채로 아침 식사를 할 수 있지만, 매일 정해진 시간까지 일어나서 놀러 가기 전까지 아침식사를 하고, 늦은 시간이라도 상대적으로 일정한 시간에 점심과 저녁을 먹는 등 정해진 시간을 설정하세요.

994 만일 아동이 방학 중에 캠프에 참석한다면 그 캠프가 아동에게 효과적으로 대응해 줄 능력이 있는지를 확인하세요. 아동이 문제행동을 보이는 경우, 캠프 디렉터와 면담을 진행하여 팀원들의 ADHD 아동을 대하는 경험, 능력, 의지 등을 확인하세요.

다른 사람들의 견해에 대한 팁

오늘날 ADHD는 관심을 받고 있으며, 모든 사람이 이에 대해 자신만의 견해를 가지고 있는 것으로 보입니다. 많은 사람이 당신과 아이에 대한 견해를 가지고 있으며, 부모가 어떻게 해야 하는지에 대한 의견을 가지고 있습니다. 부모는 이에 대해 화를 내면서 자신을 방어해야 한다고 느끼기 쉽습니다. 원치 않는 조언을 마주하게 될 것입니다. 여기에서는 대화를 제어하는 데 도움이 되는 9가지 팁을 제공합니다.

995 자녀의 ADHD에 대해 누구에게 알려야 하는지를 결정하십시오. 아이가 학교 및 숙제 문제에만 어려움을 겪고 눈에 띄는 문제행동이 없는 경우, 아이가 부끄러워할 위험을 무릅쓰고 다른 사람에게 자녀의 학교 문제를 이야기할 필요는 없습니다.

996 아이가 과도하게 활동적이고, 시끄럽고, 충동적이며, 말을 듣는 데 어

려움이 있다면 다른 사람에게 말하는 것을 고려해 보세요. 어찌되었든 다른 어른들은 자녀의 행동을 보다 빨리 알아차리므로 아이의 ADHD를 미리 공개하는 것이 도움이 될 수 있습니다. 공개하면 지나치게 판단받을 가능성이 줄어들고 도움받을 가능성이 커집니다.

997 자녀가 방문하게 될 집의 어른에게 그 아이가 ADHD가 있다는 사실을 공개하세요. 이것이 그 가족과 당신 자녀에게 공정한 것입니다. 방문이 원활하게 이루어지는 데 도움이 되도록 아이에 대해 알아둘 필요가 있는 정보를 어른에게 알려 주십시오.

998 친척과 친구들에게 자녀의 ADHD에 대해 미리 이야기해 두면 자녀에 대한 비판이나 조언 또는 "우리 애라면 절대 저렇게 행동하게 두지 않을 거야!"와 같은 말을 듣지 않아도 될 것입니다.

999 친척과 친구들이 자녀의 행동과 대처방식에 대해 의견, 조언, 지혜를 주거나, 심지어 비판까지 할 수 있음을 예상해 두세요. 갈등을 일으키지는 않지만 동시에 상대방에게 당신이 참고 있음을 정중하게 알릴 수 있는 좋은 대응 방법을 미리 준비하십시오. 예를 들어, "의견을 주셔서 감사합니다. 제가 한번 진지하게 생각해 보겠습니다."와 같은 표현입니다.

1000 당신의 삶에서 항상 원치 않는 조언을 하는 것 같은 사람들이 있다면, 이들에게 당신이 이미 자녀의 문제를 알고 있고, 그에 대해 애쓰고 있으며, 해

당 상황은 함께 토의할 문제가 아니라는 것을 알려 줌으로써 반박해 주세요. 예를 들어, "어서 만날 수 있기를 바랍니다. 아시다시피, 동현이는 ADHD가 있으며 새로운 장소에 있을 때 다소 과잉행동을 하게 될 수 있습니다. 당신이 알고 있는 다른 아이들이 행동하는 방식과는 다른 방식으로 행동하게 될지도 모릅니다. 이를 위해 심리전문가와 특정한 방법과 대안을 모색하고 있기에 우리가 당신의 집에 머무는 동안 동현이가 어떠한 행동 문제를 보이더라도 제가 대처해야 함을 확인드리고자 합니다."

1001 아이의 진단이 변명거리거나 꾸며 낸 장애이고, 만일 당신이 더 잘 훈육했더라면 이런 식으로 행동하지 않을 것이라는 말을 듣게 될 것이라고 예상하세요. 토론을 시작하지 않고 대신 이 주제가 토론해도 괜찮은 주제가 아님을 세련되게 전달할 수 있는 답변을 준비하세요. "삼촌, 기분이 어떤지 알아요. 많은 사람이 그렇게 생각합니다. ADHD가 진짜라고 생각하는지와는 관계없이 우리는 동현이가 몇 가지 문제를 겪고 있으며, 이를 해결하기 위해 애쓰고 있어요."

1002 약물치료에 대한 격렬한 찬성 또는 반대 의견을 듣게 될 수 있습니다. 약의 복용 여부를 공개하거나 또는 당신의 결정을 방어할 필요는 없습니다. "생각을 나눠 주셔서 감사해요." "많은 사람이 당신과 같은 견해를 공유한다는 것을 알고 있습니다." "자신의 의견에 대한 열정이 보기 좋네요."와 같은 마무리하는 말로 대화를 짧게 끝낼 수 있습니다.

1003 다른 사람의 의견과 조언을 듣는 것을 고려해 보세요. 누군가 당신을 판단하거나 반대되는 의견을 가지고 있더라도 그 말이 여전히 가치 있을 수도 있습니다.

참고 자료

취침 시간

- toolsforwellness.com: 조화로운 수면 CD
- hemi‑sync.com: Hemi‑sync의 잠 오는 소리 CD
- Sleepsonic.com: 잠 오는 베개

손장난

- Tanglecreations.com: 작고 색상이 다채롭고 조용한 손 장난감
- Wikkistix.com: 작고 조용한 손 장난감

집중

- Simplynoise.com: 백색소음 발생기
- whitenoiseforfree.com: 백색소음 헤드폰

학교 준비

- Sunrise System Dawn Simulator: 점진적 발광 알람 시계
- Underarmour.com: 의류의 자극을 방지하는 부드러운 속옷
- softclothing.net: 촉감에 민감한 아동용 의류

- Smartknitkids.com: 심리스 양말
- Tictactoe.net: 심리스 양말
- Towelspa Towel Warmer: 소형 휴대용 수건 보온기

숙제

- Headsupnow.com: ADHD 아동을 위한 학부모 및 교사용 정보 제공
- Abledata.com: 입력된 숫자와 기호를 말하는 계산기
- www.eudesign.com/mnems: 암기에 도움이 되는 일반적인 기억법

수학

- 『Times Tables the Fun Way』: 재미있는 기억과 시각적 트릭으로 가득 찬 책으로 어린이가 구구단을 배울 수 있도록 도와줌
- Citycreek.com: 수학을 배우는 재미있는 방법
- TeaChildMath.com: 재미있는 시각적 트릭과 패턴을 사용하여 자녀가 구구단을 외울 수 있도록 도와주는 통합 문서

정리정돈

- EZ-Find! Item Wireless Locator: 25가지 색상의 시계 줄과 리모컨 제공
- Stickies: 포스트잇처럼 생긴 컴퓨터 프로그램으로, 할 일을 놓치지 않도록 바탕 화면에 배치

읽기

- Learningally.org: 이전에 시각장애나 난독증을 위해 녹음되었던 자료로 거의 모든 책을 제공. 시력이나 읽기 문제가 있는 사람은 누구나 무료로 사용할 수 있음.

참고 자료

- 미국 국립 도서관 서비스(www.loc.gov/nls): 거의 모든 책을 테이프/CD로 무료로 제공

특수교육

- Wrightslaw.com: 특수교육에 대한 정보
- 『The ADD & ADHD Answer Book』: 부모가 묻는 상위 275개 질문에 대한 전문적인 답변. Susan Ashley(PhD.) 저, Source-books 출판사(2005년 출판, 학지사 번역 출간 예정).
- COPPA.org(Council of Parent Attorneys and Advocates): 특수교육 변호사 및 법률 자문가를 찾기 위한 리소스

시간 관리

- Watchminder.com: WatchMinder를 사용하면 경고음 또는 진동과 함께 약 복용, 화장실 사용, 주의 등 자녀에게 해야 할 일을 알려 주는 서면 메시지와 함께 하루에 30개의 알람을 설정
- Timelymatters.com: On Task On Time은 타이머와 같이 장난감 같아서 아이들이 그것을 사용하고 싶어할 것임. 활동을 선택하고 작업 사진이 있는 적절한 스티커를 붙이고 타이머를 설정
- Timetimer.com: Time Timer는 시계의 앞면을 덮고 남은 시간 만 표시하여 전체 시계의 산만함을 제거

방학

- RoadID.com: 사용자가 만들고 팔, 목 또는 신발에 착용할 수 있는 ID 태그

저자 소개

Susan Ashley

『The ADD & ADHD Answer Book』 및 『The Asperger's Syndrome Answer Book』의 저자이고, 캘리포니아주 로스앤젤레스에 있는 Ashley Children's Psychology Center의 창립자이자 이사이다. UCLA 와 California School of Professional Psychology를 졸업하였고, 1990년부터 ADHD를 전문으로 다루어 왔다. 25년 이상 미국 전역에서 ADHD, ODD, OCD, 투렛 증후군, 아스퍼거 증후군을 포함한 아동의 심리 장애에 대해 광범위하게 강의해 왔다. 또한 범죄심리학을 실천하며 민사, 가족 및 형사 법원에서 청소년 및 성인 사건의 전문가 증인으로 활동하고 있다.

역자 소개

장은진 (Eun Jin Chang)

이화여자대학교 대학원에서 발달임상심리학 전공으로 박사(Ph.D.)학위를 취득하였으며, 현재 한국침례신학대학교 상담심리학과 교수와 대전스마일센터장을 맡고 있다. 제50대 한국심리학회 회장/이사장을 역임하였다. 대학교에서의 강의와 연구는 물론, 정신건강임상심리사 1급, 임상심리전문가, 학교심리사 1급, 발달심리사 1급의 자격증을 취득하여 아동 및 청소년과 그 부모, 범죄피해 트라우마 대상자를 위한 임상 및 상담 현장에서 일하고 있다. 특히 학교장면 ADHD 아동에 관한 박사논문을 집필하였으며, 병원과 연구소에서 다년간 ADHD 아동과 부모를 대상으로 교육과 상담을 실시하였다. 또한 학교현장에서의 긍정적 행동 및 개입 지원에도 많은 관심을 가지고 연구하였다.

조주성 (Cho, Ju Sung)

한국침례신학대학교 상담 및 임상심리학 박사(Ph.D.)이다. 현재 순천향대학교의 창의라이프 대학원 상담 및 임상심리학과 전공주임교수와 심리건강상담센터장, 한국상담학회 대전세종충청상담학회 부회장을 맡고 있다. 청소년상담사 1급, 전문상담사 1급, 학교심리사 1급의 자격증을 취득하였고, 수용전념치료, 심리도식치료 등을 주 치료이론으로 하여 수용적 환경에서 아동 및 청소년의 행동문제를 해결하는 긍정적 행동지원 및 양육에도 많은 관심이 있다.

강알리샤 (Kang, Alicia S.)

한국침례신학대학교 대학원에서 임상 및 상담심리를 전공(M.A.)하였으며, 법무부 위탁기관 스마일센터 총괄지원단 부단장, 학교심리학회 자격제도 이사, 한국심리학회 자살 및 위기관리위원회 위원을 역임하였다. 임상심리전문가로서 임상현장에서 주의집중력 및 다양한 정서적 어려움을 겪는 아동 및 청소년과 성인들이 그들의 잠재 능력을 발휘하고 풍성한 삶을 누리는 과정에 다년간 동참해 왔다.

ADHD 아동을 위한
1000가지 베스트 팁
주의집중력과 긍정적 행동 향상을 위한 양육 지침
1000 Best Tips for ADHD:
Expert Answers and Bright Advice to Help You and Your Child

2023년 8월 25일 1판 1쇄 발행
2024년 8월 20일 1판 4쇄 발행

지은이 • Susan Ashley
옮긴이 • 장은진 · 조주성 · 강알리샤
펴낸이 • 김 진 환
펴낸곳 • **(주)학지사**
　　　　04031 서울특별시 마포구 양화로 15길 20 마인드월드빌딩 5층
대표전화 • 02) 330-5114　　　팩스 • 02) 324-2345

등록번호 • 제313-2006-000265호

홈페이지 • http://www.hakjisa.co.kr
인스타그램 • https://www.instagram.com/hakjisabook

ISBN 978-89-997-2694-1　03180

정가 16,000원

출판미디어기업 **학지사**

간호보건의학출판 **학지사메디컬** www.hakjisamd.co.kr
심리검사연구소 **인싸이트** www.inpsyt.co.kr
학술논문서비스 **뉴논문** www.newnonmun.com
원격교육연수원 **카운피아** www.counpia.com
대학교재전자책플랫폼 **캠퍼스북** www.campusbook.co.kr